AF400180

Jean-Noël Thomann

Le recours à la faiblesse

Journal

Édition : BoD – Books on Demand, 12/14 rond-point des Champs-Élysées, 75008 Paris. Impression : BoD - Books on Demand, Norderstedt, Allemagne

ISBN 9782322102211
Dépôt légal : Mars 2018

« On ne sait jamais de quelle vérité les mots s'approchent. On se fie au besoin de s'exprimer sans chercher les raisons. L'instinct nous pousse à extérioriser nos ressentis. Et ce manifeste de vie est moins une pensée qu'un procédé pour se sentir vivant ».

Le recours à la faiblesse est l'idée concrète qu'il nous est indispensable de partager ce dont nous ne serons jamais démunis. Tout nous échappe alors même que nos douleurs et nos faiblesses constituent ce qui est irréductible en nous. Notre vulnérabilité est l'âme impérissable et fondatrice de l'être. Elle est donc la ressource que notre empathie devrait exploiter à une véritable fin d'humanisme.

Avec force et éthique nous avons cherché à communier par nos vertus, à nous enrichir par nos outils. Mais irrémédiablement les sociétés échouent à éradiquer leurs maux. Car rien ne peut régir nos faiblesses si ce n'est l'attention et le soin que l'on porte à celles-ci.

La douleur n'est pas une substance volatile comme la force. On ne trouvera jamais en nous rien de moins périssable que notre fragilité — là est le partage qui compte.

—

Je suis Auxiliaire de Vie Scolaire. Je m'occupe d'enfants handicapés intégrés en école primaire. Et je suis un travailleur précaire.

En France, 50 000 personnes sont Auxiliaires de vie Scolaire. 200 000 travailleurs précaires sont employés par des structures éducatives, sociales, sanitaires et médicales. Au-delà, ce sont trois millions de travailleurs vulnérables qui se trouvent répartis dans l'ensemble du tissu économique. Et bien souvent, ces secteurs d'activités dévalorisés sont les plus utiles à la motricité chancelante de notre avenir commun.

Je veux dresser dans ce livre la chronique de mon expérience professionnelle. Elle parle de l'aventure du handicap, de la précarité, et des combats ordinaires où sobrement se joue la destinée humaine.

—

Quand je pense à nos représentations culturelles de la faiblesse, différentes questions m'interpellent : quelle est la nature de cette force avec laquelle nous dévalorisons et déclassons socialement les personnes handicapées, malades, précarisées ? Quels sont les palliatifs et anesthésiants dont on se goinfre pour ne pas se sentir concerné par une réalité qui nous inculpe collectivement ? Pourquoi sommes nous effrayés par la faiblesse, et convaincus de sa nature négative ? De quelle manière le manichéisme soumet-il nos pensées et nos actes à son culte ?

Je ne cherche pas de réponses clairvoyantes. J'écris ces questions comme l'on creuse un puits dans une terre sans promesse — l'eau ne viendra pas, mais le désir au moins nous rafraîchit.

Chaque mot posé sur une feuille me réveille et m'amène à considérer chaque douleur, chaque être, et chaque faiblesse comme étant le levier essentiel de l'existence.

Le recours à la faiblesse

Je savoure l'accalmie des soirs. Les journées d'école sont chargées d'agitations nécessaires et absurdes. Alors, aux prémices de la nuit je démêle les impressions du jour. De temps en temps, cela m'offre une émotion aussi pure qu'une paillette de givre épinglée par la lumière.

Une journée de travail produit toujours un peu de confusion. Alors je filtre ces sentiments pour les rendre explicites.

Et j'écris ce que j'obtiens — une histoire du jour récitée dans la nuit. Cela me donne l'impression de cultiver soigneusement ma compréhension du monde.

Ainsi, je guette les heures limpides où je peux écrire. Elles se présentent par vagues récalcitrantes, souvent hésitantes. Mais j'avance et écris peu à peu.

Je vis, et de temps en temps, à l'aide d'une feuille blanche je tamise mon esprit et savoure ma récolte.

Vivre n'est pas l'assurance d'exister. Tout comme l'esprit n'est pas l'opportunité d'une pensée. Que faire ? Simplement aligner les mots, joindre les phrases, noircir l'écriture de sens, et rester éveillé, vif, toujours promoteur de mes journées.

La créativité nous libère, nous sublime. Elle nous étire au-dessus de notre condition, et nous offre à vivre au-delà des réalités qui nous contraignent. Quand notre pensée s'écroule comme une dépouille, notre imaginaire doit la frapper, la réveiller et la redresser. Ainsi, — malgré les colères et les frustrations, et en dépit de toute toxicité sociale — l'art et la créativité transcendent les heures émoussées et déréglées de nos vies.

Je m'aperçois aussi que la fragilité des mots convient parfaitement à décrire la nature de la faiblesse et du handicap. Ils attisent l'ombre pour enflammer la lumière. À force de légèreté et de délicatesse insaisissables, ils décortiquent les cosses gelées de la souffrance.

En affinant leurs sens, nous les rendons toujours plus délicats à manier. Ils sont une abstraction précaire, une fine épaisseur de glace sur laquelle nous progressons. La force d'analyse qu'ils nous procurent peut nous obliger à marcher en équilibre sur le fil d'émotions déstabilisantes. Ils sont la crête déraisonnablement ténue depuis laquelle notre conscience jette un regard sur l'univers.

Plus les mots sont frêles, plus leurs sensibilités nous renseignent. Il en est de même pour toute chose.

Nos états de faiblesses nous rendent vulnérables et sensibles aux processus puissants qui altèrent la vie. Ainsi nous rencontrons des forces qui nous affaiblissent. Et ainsi la faiblesse devient la ressource qui nous oriente.

L'écriture me procure le moyen de maîtriser un vertige. Les mots peuvent se planter dans le vide comme un clou dans le bois. Ils savent harponner l'insondable, et extirper du néant une essence tangible.

Dans les jardins absurdes de l'univers, les mots élaborent des chemins judicieux. Ils nous orientent dans l'inconnu, et assurent notre équilibre sur un monde à jamais indomptable.

Il lui faut des mois pour apprendre une lettre, un chiffre — une inlassable patience se satisfaisant d'infimes progrès. Pour cet enfant, le ciel est envahi de ronces où s'écorche et s'emmêle son esprit. Je l'aide chaque jour, insistant avec lui sur chaque mot, sur chaque nombre que l'on tente d'attacher à sa mémoire. Et quand l'apprentissage fonctionne, sa révélation devient un abîme de joie.

Les classes *d'unité locale d'inclusion scolaire* font partie de ces lieux en marge du monde où se situent des points de vues essentiels sur celui-ci. Imaginez des enfants aux troubles et handicaps variés usant d'efforts pour s'intégrer dans un collège ou une école primaire. Ces enfants, porteurs de sens fondamentaux, tentent de prendre pied dans un monde ordinaire où le primordial est ici accessoire. On les intègre mais leur puissance d'exister ne transpire pas jusqu'à nous. La valeur de leur expérience n'enrichit pas la nôtre. Et leur histoire n'instruit pas l'Histoire. Leurs faiblesses restent simplement une part de nous-mêmes, que nous cherchons à enfermer, à cloisonner pour nous en croire épargnés.

En classe ces enfants donnent à ressentir leur fragilité, leur peur de l'exclusion, et le ressort du combat qu'ils doivent mener.

Je vois ainsi que l'homme est déterminé par l'emploi qu'il fait de ses faiblesses.

Aujourd'hui, je suis un travailleur précaire, affaibli par son statut et son salaire. Mon métier est une fonction et une attention négligées que la société diligente avec mépris sur sa part souffrante.

En dernier recours — par pudeur, par gêne ou par crainte —, nos lèvres peuvent retenir et réprimer des mots. Mais le souffle de nos respirations emporte leurs ombres chinoises.

Il lui a fallu des années d'hésitations avant de se confier. Et n'étant qu'un enfant, tout ce temps a eu pour lui l'allure de l'éternité. Mais il a finalement su conquérir un instant de toute cette inertie pour demander de l'aide.

Il avait toujours parlé de sa vie, aussi dure soit-elle. Il savait raconter son existence sans omettre les détails amers et injustes. Une chose, cependant, demeurait inavouable.

Il refoulait en lui un son. Il étouffait le bruit de la ceinture, de l'eau glacée, des mains ulcérées et mordantes. Par loyauté filiale, il dissimulait dans son corps et son esprit la monstruosité de ses parents. Il cachait ses bourreaux ; car de son silence dépendait l'honorabilité falsifiée de ses géniteurs. Mais la persévérance des coups a élimé et essoufflé sa résistance. La détresse s'est mise à le ronger de manière radicale. De sa peau vers le creux de son ventre sa vie s'effondrait. Alors le muscle a cédé, l'appel d'air a surgi…

Sans à-propos, dans le torrent de bruit usuel de l'école, il n'a prononcé que quatre ou cinq mots — simples, directs. Et toute l'horreur était là, confiée, pour être secouru. Les détails de sa maltraitance importaient peu. Cette courte phrase pour dire l'essentiel était une demande de réconfort. Elle révélait son manque, sa peur, son impuissance, et son besoin d'un recours. Il tendait donc sa main ouverte avec confiance pour qu'on en retire l'écharde plantée. La triste surprise fut qu'il n'y avait rien à faire, rien à promettre. Face à son attente, à ce moment-là, on ne lui offrit que la confession de nos propres manques, peurs et insuffisances. Il comprit qu'on l'aiderait, peut-être, dans la mesure des ressources sociales du système... un jour. Ce n'était pas ce qu'il attendait : découvrir l'impuissance répandue telle un bien universel, un handicap commun.

En chaque homme et chaque idée, la matrice de cette faiblesse travaille perpétuellement... au point de déterminer nos vies, nos œuvres et nos déboires.

Confrontés à notre impuissance, nous sommes entravés par nos velléités et nos craintes fondamentales. Et nos ressources ne sont pas faciles d'accès.

Longtemps, les souffrances de chaque enfant me heurtèrent comme une langue étrangère. Quand je débutai dans ce travail, autant pour eux que pour moi, leurs handicaps résonnaient comme un langage incompréhensible. Leur agressivité, leurs cris, leurs larmes, leurs folies, leurs angoisses, leurs craintes, leurs supplices, leurs torpeurs, leurs « ignorances »… tout, me semblait incohérent. Le bredouillement de leurs afflictions n'émettait absolument rien d'intelligible pour moi. Et s'il arrivait que nous sortions de notre commune incompréhension, ce n'était que pour les entendre articuler une détresse qui me frappait, me blessait.

Cette situation aurait pu durer. Le système éducatif a cette irrésistible capacité perverse d'harmoniser un dialogue de sourd. Sans comprendre les sentiments de ces enfants, je m'obstinais à vouloir civiliser et rationaliser leurs émotions ou leurs apprentissages.

Nous étions *missionnés* pour stocker des capacités et des connaissances dans des esprits étriqués de mal-être. Au monde intérieur trouble et souffrant de ces enfants nous devions accoler le monde extérieur du savoir. Etions-nous institutionnellement préparés à mener un travail de fond ? Sûrement pas. Car plus déroutant encore, nous perdions même l'idée d'écouter leurs dialectes abscons, leurs individualités lésées.

De manière surprenante, l'omniprésence de la croissance, de la rentabilité, de la mécanisation de l'homme nous égarait. Nous perdions le goût et l'intuition d'un travail humain — singulier et complexe. Même au sein de l'éducation spécialisée, la vie risquait en permanence de se résumer à un battement de cœur binaire.

Les pédagogies de nos sciences humaines ne sont que des outils : tout comme l'empathie ou la spiritualité. Et ces « instruments » ne déterminent pas la nature de notre motivation à les utiliser. Dans une société affaiblie, malade, nous manipulons ces outils pour échapper à la complexité de nos blessures. La croissance et la rationalisation ressemblent à une psychothérapie de l'autodestruction. Et nous *élaborons* des enfants — handicapés ou pas — de telle manière qu'ils demeurent dans la méconnaissance de leurs caractères et de leurs psychismes. Produire des consciences analphabètes est un crime. Eduquer un enfant en l'éloignant de sa libre pensée est un avortement infligé à son émancipation intellectuelle. Ecarter l'enfance de l'allégorie des émotions est une négation de son devenir. Comment un tel modèle peut-il donner de la pertinence à l'instruction ?

En travaillant auprès de ces enfants, je constatais donc qu'ils ne décryptaient rien de l'expression de leurs faiblesses. Cet idiome de douleur, de tourment, n'était qu'une ineptie tragique. Un mal inintelligible ne cessait de parler au travers de leurs corps, et par réflexe, ils se battaient pour ne pas le traduire. Car comment imaginer l'intérêt d'écouter sa douleur ou même son chaos ?

Pourtant, les propos tourmentés et nébuleux de la faiblesse ne manquent ni d'éloquence, ni de facultés.

Après l'incompréhension, progressivement, je me suis habitué au vocabulaire de la souffrance. En côtoyant des enfants fragilisés, je commençais à décrypter dans nos impitoyables épreuves une forme d'entendement. La grammaire de la douleur pouvait conjuguer la faiblesse à une connaissance de soi émancipatrice. En essayant de déchiffrer le sens de la plainte, de la violence, de la blessure, je débutais un apprentissage à l'écoute de mes propres faiblesses. Et je découvrais, enfermés en moi, les mots, les textes et les histoires confuses de mes défaillances.

Bien sûr, écouter son propre malaise ne sauve pas. Interroger son mal-être n'épargne pas. Extraire une connaissance intime de sa souffrance ne libère pas. Mais se former et s'instruire au ban de ses faiblesses : cela délivre en nous une ardeur plus élevée que l'éminence de notre abattement.

Une crue insalubre de l'activité humaine a tout emporté. Je vois des enfants mis à nus et lacérés de ravines. Des veinures de roches froides se creusent en eux, et leurs vies se détachent de leurs natures mortes. On dirait des pierres ébréchées, des visages de marbres érodés, des êtres écorchés — sans terre.

Que se passe-t-il ?

De plus en plus d'enfants s'échouent à l'école en état de détresse. Ils arrivent dans les larmes, pleins de poux, pleins de crasse, à moitié habillés et soignés. Ils se présentent sans cartable, sans lunettes, sans envie, sans sourire et sans affect. Orphelins de toute pensée, ils viennent dormir ou hurler, sans concevoir le rôle et la nature de l'école. En guise de goûter, ils tirent de leurs poches malpropres des poignées de sucre en poudre qu'ils ruminent sur leurs caries. Ils sont superficiels ou trop profondément meurtris. Ils se montrent obèses d'idioties, de cruautés, de révoltes, et révèlent une anorexie de la pensée due au manque de soins et de raison.

Les enfants de l'Homme sont les débris de ses tempêtes. Ils sont ballottés, perdus, évidés de leur conscience et outragés dans leurs handicaps. Ils dérivent désormais en nappes de pétrole empoisonnant la vie.

Nous hissons nos enfants à la lisière de l'extinction.

Ce matin j'étais aux prises avec un enfant convulsé d'énergie retenue. Il ne pouvait contenir son attention. On le sentait oppressé par le lieu, par son corps, par ses émotions. Tout était signe d'enfermement insupportable pour lui. La classe, son bureau, son propre corps lui barraient le chemin de son existence. Dehors, un ciel bleu s'offrait. Ce simple espace aurait pu suffire. Car un esprit, hermétiquement enfermé sous des contraintes, cherche un vide où rien n'est induit. Il aurait fallu partir se promener avec lui, sans but, musarder à l'extérieur. Mais évidemment l'institution règne, ordonnant les interdictions. Ne restait alors que la soumission aux quelques centimètres carrés d'un bureau vide et plat. Une poignée de centimètres carrés, offerts comme espace d'expression et d'apprentissage à un enfant en carence d'horizon et d'affection.

Résultat : frustration haletante, voix syncopée, et bave de mots informes s'échappaient de lui.

Mais on pouvait encore parler. Le besoin de communiquer nous retient souvent au bord du gouffre. Le temps passé à discuter repousse momentanément quelques peurs. Les mots apaisent en donnant une consistance relativement maîtrisable du mal. Donc, on dialoguait. Et plus il s'exprimait avec volonté plus je sentais en lui une motricité d'esprit encore indépendante de ses traumatismes. Ce jour là, une fois de plus, derrière la fatigue et la colère, je retrouvai ce reliquat préservé de lui-même.

Il conservait donc en lui cette faculté d'effectuer une bascule de la détresse à l'émancipation, de la folie à la confiance. Mais au-delà de ces soubresauts, que faut-il à une vie pour qu'elle change de paradigme ?

Pour le moment il se précipite aux fenêtres quand l'idée même d'un effort agit comme la main d'un bourreau sur la nuque d'un condamné. Il regarde au loin, s'échappe dans les lumières extérieures et tente l'oubli de toute instruction.

Il reste affamé. Les calories de l'affection ne lui ont pas été données. Le manque de cet apprentissage premier le pousse à chercher des fractures, des vides où la chute provoquerait un secours possible. Mais rien n'intervient vraiment — ni l'espoir, ni l'instinct de vie, ni le secours humain.

Aujourd'hui j'ai longuement regardé cet enfant qui joue avec ses mains comme avec des marionnettes. Chaque jour ses doigts deviennent des personnages. Assis à son bureau il occupe le temps en se perdant dans l'imaginaire. Il joue avec des bribes d'histoires inventées. Et les heures passent, et le travail est ignoré. L'activité de la classe, les consignes, les réprimandes, rien ne vient perturber son standing de rêveur. Mais si on lui sourit, si une main accompagne sa volonté, s'il sent que l'on partage un même plaisir affectif à communiquer, à travailler, alors il se réveille et s'incarne. Pour lui la réalité ne trouve grâce que lors de rares contacts bienveillants. En dehors de ce cadre il se détourne, s'endort, s'enfuit, ou s'énerve.

Il ne semble pas reconnaître à la réalité une prépondérance d'authenticité. Il ne veut que l'emprise des ombres, des traces et des reflets. Il congédie sa présence du monde.

Pour remédier à ces problèmes, une horde de spécialistes l'entoure. Tous les jours des hommes et des femmes ponctuent de leur présence la journée de cet enfant. Sont présents à pied d'oeuvre : l'institutrice, les animateurs de l'école, deux ou trois éducateurs spécialisés, l'enseignant spécialisé de l'hôpital, la psychologue de l'école, une psychomotricienne, un pédopsychiatre, l'infirmière scolaire, les responsables extérieurs des services sociaux, une orthophoniste, le taxi qui le transporte tous les jours, et le professeur de soutien scolaire à domicile.

Ceci sans compter la garde alternée de parents séparés, et les débuts de nuits où il s'endort chez la nounou.

Tout cela est un morcellement de voix, de visages et de sens. On entoure, on encadre, on assiste, on multiplie des formes d'aides et de présences confuses. Et l'enfant ne peut décrypter ce kaléidoscope relationnel. Cet éclatement d'une réalité qu'il fuit a commencé avec le lien d'assurance et d'affect que sa famille ne lui a pas donné. C'est un enfant sans appui, écrasé par la pesanteur des absents. Père et mère ne sont qu'un noyau de sable dans le vent. Et pour le reste, une quinzaine de spécialistes comme un millier de voix sans secours à son abandon intime. Il reste donc seul la nuit, alors que le jour un manège d'hommes et de femmes tourne autour de lui.

Je marche vers l'école. Je sens le rythme de mes pas, la fraîcheur du matin et la tendre obscurité de mon sommeil comme une rosée en suspension sur les lumières du jour. J'avance et mes émotions baillent, s'étirent. La nuit est une couche de neige nouvelle. Les empreintes sont gommées, et le relief sans trace est retrouvé. On se réveille toujours un peu plus soi-même que l'on ne se couche. Dormir nous rend à nous-même.

Aujourd'hui encore je vais être touché, emporté, saisi par une succession de sentiments. Une journée à l'école est un défilé de jeunes visages expressifs qui imposent la frénésie des humeurs et des rythmes changeants. Et d'un enfant à l'autre, on doit ricocher avec empathie et raisonnement. C'est une activité d'éveil de soi. Mais cet engagement virevoltant dans le lien relationnel est épuisant. L'échange créé avec l'enfant est un partage d'existence, un lieu d'être en commun où l'on aide, où l'on instruit. Et l'on y est sans-cesse marqué et imprégné de leurs psychés. Alors il faut rompre quotidiennement ces bretelles d'accès empathiques. Il ne faut surtout pas laisser une histoire qui ne nous appartient pas se sédentariser en nous.

En naviguant sur les remous des états d'être d'un enfant, je garde avec moi un cap de repli : ma zone du dehors.

Les enfants, leurs difficultés, leur bien-être, sont des présences en forme de mondes, tels de petits univers où il ne faut pas se perdre.

Certains enfants dissimulent des échancrures en eux. Ils renferment des failles brodées de crénelures d'ombre : des caches.

Comme dans certaines maisons, des pièces sont retirées, écartées des lieux vies communs. On y perçoit des zones obscurcies, cachées, des courants d'air éloignés, des traces d'objets évanouis.

Des lieux sont destinés à museler nos cicatrices. Les enfants savent retirer la lumière de certains recoins de leurs esprits. Mais avec inquiétude ils surveillent en eux ces espaces suintants. Et deviennent les gardiens sans relâche de leur propre oubli.

Ceci dit, à force de parler avec eux, de les côtoyer simplement, et de glisser ensemble comme deux perles complices sur le même fil du temps… on devine. Sans forcer les portes, on entrevoit la nature de ce qu'ils cachent. Sans profaner l'intimité délicate dans laquelle ils enferment certains faits, on découvre les lieux confinés de leurs existences.

J'y ai vu des choses considérables. Tout pouvait y être remisé. Ils y laissaient leurs joies aussi bien que leurs peines. Parce qu'ils souffraient, ils venaient dans ces soupentes de leur vie pour y abandonner leur histoire et leur identité. D'une certaine manière, ils tentaient de se débarrasser d'eux mêmes. Et force est de constater qu'au terme de ces dépouillements, il ne leur restait souvent plus rien à vivre.

Ce matin, un des enfants reste enraciné au pied de son cartable. La colère plisse ses lèvres, et il refuse de mettre un pied en classe. Corps raidi, regard figé : sa rage le saisit. Il se tait mais on entend l'émotion. Une eau glacée l'enserre et lui bâillonne la poitrine. Il va falloir avancer délicatement, déceler le chemin approprié, trouver les mots qui dénouent.

Depuis quand ces éclats de colère pétrifiés chez cet enfant ? Dans la classe, depuis les premiers jours de sa présence il dispense des crises fulgurantes. Passant d'une nature calme et joyeuse à des ressentiments chargés de frustration, il donne l'impression d'un être abandonné. Chaque crise se termine par un état d'absence. On l'observe alors suspendu à une latence désincarnée, enfin insensible à ses tourments.

Dérivant dans cet état psychique il peut alors ignorer avec soulagement les vérités dont on l'éloigne. Car le crépitement imprévisible de sa hargne vient du silence posé sur son histoire. De sa vie on soustrait les raisons, on escamote les causes, on élude l'origine, on dispense le sens. On lui refuse l'explication de texte de sa propre histoire. Et c'est bien là que se cristallisent ses troubles. Nous le rendons fou en l'empêchant d'accéder au récit de ses blessures.

Son placement en famille d'accueil n'aurait pas dû s'instaurer dans la négation et l'oubli du passé. Il fallait raconter avec lui l'histoire à laquelle il appartenait. Décrypter les événements, verbaliser les émotions, établir des liens logiques dans la panique des sentiments. Pourquoi omettre la lâcheté, l'ignorance, l'indigence, les carences affectives et les inaptitudes sociales de ses parents ? Il fallait lui dire. Il n'aurait pas été seul face une injustice cachée. Une cohérence dans son histoire aurait existé. Et la compassion des personnes qui aident et éclairent aurait été une matière affective de secours.

La vertu n'est pas chose sérieuse. La bienveillance est naïve. La générosité est inconsciente. La bonté peut rester un idéal à défaut d'un acte concret organisant la vie.

Voilà notre modèle de société. L'injustice y est le principe indépassable. Et le bien n'y est rien de plus que la caution éthique manipulée par le mal.

Chaque jour, nos institutions scolaires, médicales et sociales mécanisent le traitement de l'enfant, du malade, de l'indigent. En tant que travailleur social il m'est pénible de me battre pour ne pas devenir l'anodin fusible d'un générateur culturel d'atrocité.

Malheureusement, museler notre compassion nous semble plus vivable que de l'exprimer.

Pourquoi se souvenir des douleurs, des traumatismes ? Pourquoi faire la relecture de nos déboires ? Pourquoi tirer les leçons d'un champ de bataille quand on croit encore aux guerres à venir ?

Les enfants se saisissent du lien à l'adulte, le remontent, et nous examinent. En silence ils découvrent ainsi les détails du caractère de tout homme ou femme qui s'occupe d'eux. Avec discrétion, ils jugent la cohérence qui apparaît entre les paroles didactiques et les traits intimes de l'adulte orateur.

On se cache pourtant derrière des fonctions et des vocations. On met en avant des attributs professionnels. On s'entoure de formalisme. Mais rien n'y fait, ils décryptent tout.

Nos rôles et nos habits de scène pour enseigner, nos postures et nos connaissances pour soigner, nos académies et nos diplômes pour cadrer, nos promesses et nos esprits matures pour convaincre : aucun conformisme ne peut tromper la sensibilité spontanée des enfants.

Lorsque nous les dirigeons vers un monde structuré, réglé par des valeurs, ajusté par des vertus : nous récitons une idée et ils observent nos actes.

Je ressens en classe la discrétion et la précision avec lesquelles le regard des enfants passe au travers de mes strates identitaires. De la surface jusqu'au cœur ils enfoncent leurs attentions et découvrent mes faiblesses, mes forces, mon authenticité et mes paradoxes. Cela est plus marquant encore face à des enfants fragilisés par le handicap. Car cherchant à compenser leurs faiblesses, sollicités dans leur créativité, stimulés dans leur imaginaire, et poussés à s'émanciper par la réflexion ils deviennent des observateurs avisés et impartiaux.

Alors la question se pose régulièrement… Jusqu'où peuvent-ils remonter en moi ? De quelle vérité ou incohérence arriveront-ils à s'approcher ?

Les enfants nous décortiquent et réagissent à la nature de la fève qu'ils trouvent. Par le lien que l'on sait indispensable à nouer entre l'enfant et l'enseignant circule ce qui est dans l'ombre intime de chacun. Et cet échange discret, inconscient, doit promouvoir la confiance.

Ainsi, le matin — sonné par le réveil, tiré comme un pantin par le soleil montant —, dans les rues où je gare ma voiture, sur les trottoirs qui me portent vers l'école, je pense à ce que doit toujours percevoir en nous un enfant que l'on aide. Je songe à l'authentique volonté de soutenir, et à la sincérité de l'empathie.

Sortie scolaire : le bus roule depuis une demi-heure. L'excitation dépressurisée des enfants comble l'habitacle. On sort du quotidien. Aux yeux des enfants tout est plus vif, plus manifeste, plus présent. Ce qui est inhabituel pour eux est forcément une promesse d'événements excitants et merveilleux.

Au programme, compétition sportive et visite d'un musée. A la descente du bus commence la course à l'encadrement. Surveiller, conduire, informer, rappeler, compter, chercher, répondre de tout et pour tous : un affairement constant, sans répit.

La journée commence par un spectacle de danse sur glace. Les horaires nous pressent. Dans les travées de la patinoire nous conduisons les enfants, les installons, les guidons et dirigeons leur attention sur le début des épreuves sportives.

Le temps passe et les danseurs sur glace s'exécutent avec talent. Les bruits du show gonflent et éclatent à nos visages. Je ne suis pas très attentif, je surveille surtout les enfants. A ma droite l'un d'entre eux me demande et me redemande : « qui est le plus fort ? Et est-ce que le plus fort va aider les autres concurrents ? » Je regarde l'enfant, je souris, et réfléchis une minute avant de répondre.

L'enfant qui me pose cette question est autiste. Il ne peut construire sa relation au monde qu'au travers de règles et de comportements déterminés. Il ne transige jamais avec la valeur d'un principe. Il ne peut tolérer, digérer, et gommer les effets de divergences du sens. Les averses anodines de nos incohérences sont pour lui des tempêtes. Alors forcément, il s'attend à observer les usages dont on lui parle en classe et dans sa famille. Il veut voir le plus fort aider le plus faible. Il s'attend à assister à la démonstration d'une règle simple, mais il ignore qu'elle s'applique rarement.

Je commence donc par lui dire que cet événement sportif n'est qu'un jeu, un divertissement, une bêtise d'adulte en manque de distraction. Car ici le plus fort n'aide pas le plus faible. Car ici la force n'a d'autre but que d'exprimer sa supériorité sur celle de ses adversaires. Et cette finalité, cet enjeu de la compétition qui envoûte les sportifs et les foules, s'exprime avec clarté aux yeux des enfants. Alors je détourne son angle de vue, je travestis les intentions et les motivations premières de ce sport en soulignant les aspects positifs. Je lui parle du dépassement, de l'émulation, de la créativité artistique, du courage et des efforts. J'entasse les valeurs les unes sur les autres telles les innombrables conventions d'un mensonge. Je veux qu'il reconnaisse dans ce spectacle sportif l'importance et la qualité des propriétés humaines dont on lui parle en classe.

Que pourrais-je lui dire d'autre ? Sans lui cacher l'ambivalence des actes humains, je lui montre simplement que l'on peut décider d'un cap dans les contre-courants de nos âmes. Mais est-ce si simple ?

On fait de leurs handicaps une matière avec laquelle ils peuvent construire leurs forces et leurs vertus. On répète que ce qu'il y a de fort doit se consacrer à ce qu'il y a de faible. Que la force n'apparaît que dans le poids de la faiblesse qu'elle soutient. Mais ici, le courant s'inverse. Les lames qui rayent la glace signent pour le combat.

Je me sens légèrement perdu. Mes pensées vagabondent. Il y a probablement en bas sur la glace un grain de sable. Personne ne le voit, quelques-uns l'imaginent. Il est ce qui reste d'une philosophie et de la manière de comprendre la faiblesse. Il est un récif émergé, un reste de terre chaude sur un monde glacé. Et j'ai la sensation que l'on demande aux enfants handicapés de trouver ce grain de sable vertueux en eux, pour finalement les laisser confrontés à des valeurs contraires.

La question de l'enfant reste en moi comme un refrain lancinant. Car je ne ressens dans le monde qu'une vague manifestation des valeurs dont on arme les élèves en classe.

Le temps passe. Nous quittons les danseurs. Dehors, le soleil grimpe et éclaire les fonds de sacs où se trouvent les pique-niques des enfants. Dans un parc, sous les taches d'ombre des arbres, ils grignotent leurs sandwiches et dévorent leurs chips. Un peu de relâchement se diffuse agréablement.

L'après-midi débute et nous mène aux portes du musée d'Art Contemporain. Commence alors l'art de canaliser les enfants entre les œuvres. Et cela n'est pas simple. Les couloirs s'étalent sans fin et tendent à disperser notre petite troupe. Les escaliers s'élèvent et s'enfoncent dans des cumuls de marches innombrables où s'emballent les jambes de nos petits visiteurs. La taille des salles gonfle l'entrain des enfants. Ils s'y déversent en tous sens. On joue donc les chiens de berger. On encercle, on contient, on oriente leur visite comme on tenterait de rattraper de la vaisselle qui tombe. J'aperçois les regards noirs et racornis des gardiens du musée. Ils n'aiment pas ça. Tous ces mouvements autour des œuvres figées semblent leur donner la nausée.

Ignorant l'effet qu'ils produisent, les enfants poursuivent leurs sauts de puces et lâchent leurs exclamations, leurs étonnements et leurs remarques au-devant des œuvres. Ils ont très peu de réserve et encore moins d'égards dans leurs jugements. Ils ont raison, ce musée est un débarras d'expressions créatives. Dans ce volume de verre et de marbre s'amoncelle l'irrésistible fouillis du monde moderne. Les enfants y retrouvent leurs propres enchevêtrements intérieurs de codes, de logiques et d'histoires sociales. Du fait de leurs lésions, ils voient dans ces créations d'artistes l'énigme habituelle qui brouille leurs consciences. Tout ça leur plait finalement.

Certains s'attardent. D'autres ne cherchent qu'à découvrir la succession des salles. Leur attention divague. Deux enfants parlent entre eux ; un autre sautille entre les lignes du marbre ; celui-là plie et replie un prospectus ; un autre s'amuse à jouer les guides touristiques ; celui-ci se déplace en tournant sur lui-même ; et quelques-uns, seulement, contemplent encore les tableaux et les sculptures.

La visite devient un peu confuse mais soudain une œuvre sonne le rappel. Elle attire et réunit les enfants autour d'elle. Sa nature et ses formes intriguent, envoûtent et redressent l'attention renversée des enfants. Ils s'approchent, posent des regards ébahis. Une porte incite au passage vers l'intérieur. Et c'est dans le cœur et l'intimité de l'œuvre que les enfants détaillent alors cette improbable construction.

Il s'agit d'une petite maison. Ses murs, son toit, son ameublement sont un empilement de milliers d'objets collés. Du sol au plafond, une agglomération d'objets hétéroclites s'élève en une même forme d'ensemble. L'aberration du nombre d'objets, de leurs discordances, de leurs significations, ne trouble en rien la netteté de cette forme universelle. Une maison est là, comme une petite confection du chaos. Et cela a un sens vital pour les enfants. Et ils ne s'y trompent pas. Ils sont soudainement subjugués et rassurés de voir les innombrables éclats disparates du monde capables d'exprimer une unité simple. Ces objets et leurs symboles sont fous, extraordinaires, divergents, incompréhensibles, mais la maison est là ; ces objets délivrent le message de l'irrémédiable désordre humain, mais la maison est là. Ils représentent une complexité inopérante, inféconde, mais la maison est là.

Et cette maison apporte un peu de quiétude aux corps et aux esprits des enfants. Elle apaise la douleur du handicap et de la confusion qui en découle.

La visite semble maintenant se concrétiser ici. Les enfants ne veulent plus démordre de leurs contemplations. Ils entendent rester sur ces terres rares

où l'ordre et le désordre semblent se confondre har-
monieusement.

Il arrive qu'une journée croule sous la violence, se charge de chocs brûlants, de cris, de menaces et de larmes. Des enfants crachent des colères électriques qui expirent en aveux d'impuissance. Cela ressemble parfois à une haine refuge, à une agressivité complice et intime qu'ils tentent de transformer en alliée.

Il y a cet enfant en classe... remuant, hésitant. Indécis dans ses actes et dans ses émotions, il ne sait ni jouer ni travailler. Seule la lassitude lui est fidèle. Ses expressions se teintent facilement de pensées colériques. Ses révoltes ont le ton de l'impertinence. Ses moqueries se gorgent du plaisir « innocemment vicieux » qu'il tire du pouvoir d'imposer aux autres la dureté de son monde. Et ce monde, amer, corrosif, auquel il ne peut lui-même se soustraire, il l'alimente et le répand autour de lui.

Cet enfant est « incarcéré » dans un milieu social et culturel dont la première ressource est la violence. C'est une écharde de désespoir que l'on ne peut retirer. Occasionnellement, il se laisse attirer par les rythmes et les modes d'interactions respectueux promus à l'école ; Mais ses souffrances et ses carences quotidiennes détériorent sans cesse son humeur, ensevelissent ses espérances, éreintent sa raison.

Chaque jour, il s'arme de mépris et se lance dans des confrontations théâtrales qu'il ne peut s'empêcher de rejouer — encore et encore. L'esprit fiévreux, il érige son attitude en modèle, se nourrit fièrement de l'aridité de ses vertus. Son indigence sauvage lui vient de la crispation irrémédiable des milieux sociaux ostracisés.

Alors, j'avance en alternant les réprimandes et les dialogues. Je ponctue le temps de compassion. Je laisse à sa portée une attention continue. Le but est d'amener l'enfant à explorer un espace bienveillant, jalonné de nouvelles règles. Il lui faut la liberté d'expérimenter la joie là où il ne ressent habituellement que crainte et colère. Il lui faut cette promesse d'une page blanche où sa confiance ne sera jamais froissée.

Mais il y a ce paradoxe, cette hypocrisie d'un monde qu'on lui promet, alors même que l'on ne peut l'aider à s'extraire physiquement de son milieu social. Ainsi, il oublie en permanence le bien-être qu'il expérimente. Il réfute les réalités positives car elles restent trop souvent des voies sans issue. Il préfère se nourrir de son agresseur, de sa violence ; car là où il s'endort et là où il se réveille, cette fatalité ne l'abandonne jamais.

Seule la constance du mal lui assure un appui au monde. Il est le fils oppressé de l'imperfection humaine.

Ce jour là je m'endormis. Je voulais juste me détendre quelques minutes à midi, mais le sommeil me kidnappa. Impossible de revenir au monde en temps et en heure. Et même le sursaut qui finit par me saisir ne put me réveiller totalement. Encore somnolent, je quittai donc la maison et sautai dans ma voiture. La route défilait : distante et déformée comme un écho. La voiture avançait alors que je restais enlisé dans ma torpeur. L'heure à mon poignet, l'heure au tableau de bord de la voiture, l'heure que je cherchais sur mon téléphone en zigzagant sur le bandeau de goudron me semblait indéchiffrable. L'esprit vaporeux, je me frappai les joues en conduisant. Les heures se mélangeaient dans ma tête, impossible de savoir si j'étais en retard. Ce n'est qu'en passant le seuil de l'école et en me concentrant terriblement que je retrouvai ma boussole horaire. Je cumulais 1H 10 de retard et une chape de plomb en guise d'épuisement.

En classe, je me traînais alors comme dans l'ouate silencieuse d'un vieux film du cinéma muet. Ma léthargie s'obstinait à me retirer du monde.

À ma façon, j'étais ailleurs — un peu comme certains enfants de la classe. Des bulles de préoccupations, de fatigues, de peurs, de fuites et de rêves peuvent tous nous isoler du réel. Nous sommes alors dans des refuges immergés.

Ainsi, ma somnolence m'entravait. Je déambulais, assoupi, décalé. J'aidais les élèves entre des parenthèses de bâillements. Et je finis par « buter » contre un enfant… cet enfant, précisément, qui dans la classe passait son temps à fuir le monde. Et bizarrement, je me retrouvais momentanément co-détenu auprès de lui : à l'extérieur de l'instant présent.

Cet enfant n'était jamais ailleurs que dans ses rêves. Les enveloppes qui l'isolaient provenaient d'histoires tristes et dramatiques. Il se renfermait et cherchait en lui la douceur qu'il supposait absente du monde extérieur. Plusieurs tours de clé avaient verrouillé son esprit.

*ce qui suit s'est passé avant son arrivée dans l'école où j'exerce *

Quand sa mère est morte, ivre, au volant de sa voiture, il a connu la mort. Alors est-ce que la mère et le monde étaient la mort ?

Ensuite, son père l'a abandonné. Il était indigent et complétement désarmé, exempt de maturité. Alors le père et le monde ne promettaient-ils que l'abandon ?

Au village d'enfants, il ne rencontra que trop de camarades aux histoires tristes. Le monde était-il uniquement pourvoyeur de fatalités et de peines ?

À l'école, personne ne comprit sa douleur et sa différence. Des enseignants tyrans exigèrent qu'il se comporte « normalement ». Ils essayèrent de le contraindre. Et cela se transforma involontairement en sévices physiques et psychologiques. Inlassablement, le monde autour de lui l'entacherait-il toujours de souffrances ?

Les issues vers le bien-être se refermaient, ou du moins les choix se restreignaient. Peut-être ne restait-il plus que la fugue à tenter. Il fallait bien aller vers le monde, d'une manière ou d'une autre. S'échapper devenait la possibilité de décider librement du chemin ; et de se présenter là où le monde devait enfin être accueillant. Alors il sauta le pas.

« La route le rassurait probablement. En pleine nuit, pour un enfant, un ruban de bitume est plus vivant que la forêt qui l'enserre. Avec quelles pensées, alors, éclairait-il ses peurs et le noir autour des étoiles ? Comment s'immuniser contre l'inconnu et le temps esseulé ?

Au bout de quelques heures de marche, probablement sonné par le mélange d'adrénaline et de fatigue, il trébucha sur un faisceau de phare. Et la tôle d'une voiture le percuta et le repoussa violemment sur le bas- côté. Quand il retrouva la lumière du jour, celle-ci filtrait au travers d'une vitre d'hôpital. Le traumatisme crânien devait être douloureux, d'une pression d'étau. Mais le plus dur était surement l'échec de son évasion. Le vaste monde lui avait encore rappelé la permanence mordante de l'injustice. Alors, une fois de plus rejeté, par où pouvait-il ré-aborder ce monde ?

À sa façon, il a réagi comme nous le faisons tous. Pour supporter la réalité, le mieux était de ne pas s'en occuper. Ne pas tenter de la nier, ne pas tenter de la découvrir, mais simplement s'en désintéresser. Et c'est ainsi qu'il commença à entrer dans une sorte de rêve, de coma. »

Et alors qu'aujourd'hui je me sentais isolé par ma fatigue, lui était écroué depuis des années par ses meurtrissures.

Depuis son naufrage, orphelin sur un vaste monde, il se réfugie dans un songe insubmersible. Pour ne plus côtoyer la réalité il ne veut plus rien apprendre. Il s'attarde dans son enfance, dans cette innocence passagère. Les années passent et sa croissance même ralentit. À douze ans, il a la taille d'un enfant de huit ans. Il use même de la nourriture avec parcimonie ; et avec ce sens de l'anorexie alimentaire il refuse à son esprit toute forme d'apprentissage. Mais les connaissances suintent jusqu'à lui, comme l'eau derrière un barrage. Il en vient donc, parfois, à simuler ses lacunes, car il s'instruit malgré lui. Il fuit sans pouvoir s'échapper. Aussi loin qu'il rêve, la réalité revient ne serait-ce que par le ressac corporel de sa respiration.

L'imaginaire est fragile quand on s'y livre entièrement. Il est une bulle de savon prête à éclater au cœur de la réalité. Mais cet enfant est-il seul à se calfeutrer dans l'irréel ? Chaque jour, des millions d'hommes et de femmes négocient avec leurs vérités.

Pour ma part, chaque nuit, je tire sur moi un drap pour m'endormir. Ce drap est une omission, un compromis, un mensonge... un petit arrangement lâche, apaisant et chaud. Je devrais pouvoir continuer ainsi toute ma vie. Notre société aide et favorise nos irresponsabilités, nos aveuglements de confort. Ma culture est une usine où sont produits à la chaîne des mythes, des justifications, des hypocrisies, et des fictions valorisantes. Ainsi nos rêves nous épargnent. Mais en sourdine l'horreur grandit, brodée par les conséquences de nos actes. Et ces rêves sont des murs qui céderont sans faillir à une réalité moins accommodante qu'un cauchemar !

Nous murmurons nos désespoirs, et nous scandons l'espoir. On vit parfois ainsi. Il est commun que chaque personne ravale en elle ce qu'elle ne peut pas dire, et exprime ce en quoi elle s'oblige à croire.

On redouble d'efforts plutôt que de constater que l'on est rompu. On croit en la volonté comme à un idéal quand les moyens d'agir nous sont volés. De pailles sèches et broussailleuses nous faisons un repas imaginaire d'herbes grasses.

C'est à cette logique que l'aide sociale et médicale se limite trop souvent. Apprivoiser l'insalubrité d'un être en masquant ses douleurs d'un rêve inconsistant.

Nous **agissons** trop souvent en tournant le dos à la réalité de notre condition. Pourtant, après la douleur et les ravages certains restent debout. Mais ils s'appuient désormais au bois mort de leurs illusions et de leurs convictions. J'ignore si cela est bon ou mauvais.

Ils se tournent vers le moindre bruit. Tout les attire. Une porte entrouverte, une fenêtre sur l'ailleurs, une voix dans le lointain : le moindre détail les avale.

Si la joie est dans l'air, ils sautent vers elle. S'ils découvrent un espace libre, ils le dévorent en courant et en criant. Si leurs têtes s'inclinent et penchent du côté des rêves, alors nous sommes en fin de journée.

Les soleils sont partout : dans leurs billes, dans leurs amours, dans leurs mains qui attrapent un désir. Ils sont magnétisés, et s'orientent, l'aimant au cœur. Je les vois bondir sur les grillages, tous attirés par cet autre côté rendu inaccessible. Je les vois se regrouper pour se débarrasser de leur solitude, ou chercher les écarts pour réaffirmer leur individualité.

À l'unisson ils réclament la liberté et le réconfort. Ils veulent s'échapper le jour, et le soir retrouver l'ombre tendre des bras.

Ils grandissent ensemble. De quelques centimètres miraculeux ils se rapprochent de la voûte du ciel. De quelques centimètres l'infini se précise à eux.

Leurs choix sont naturels et évidents : à l'image d'un brin d'herbe qui s'arc-boute vers le soleil.

Je réponds au téléphone. Une personne des services de l'inspection académique se présente. La conversation débute, hésite. Je sens de la gêne dans la voix qui, de l'autre côté, tente de lâcher une mauvaise nouvelle. Je suis obligé de tendre l'oreille et de compléter les demi-mots embarrassés de mon interlocuteur. Je pose des questions, j'essaie d'éclaircir les faits. Cela devient presque une devinette, un rébus. A l'autre bout du téléphone la personne n'ose pas être claire. Comme si l'ambigüité pouvait atténuer la honte d'annoncer une réévaluation à la baisse de mon contrat. Car c'est simplement de ça qu'il s'agit.

Ce qui était limité le sera désormais encore plus. Le nœud coulant sur ma gorge se resserre. Moins d'heures, moins d'argent, moins de valorisation signeront bientôt mon nouveau contrat de travail.

En attendant, nous raccrochons le téléphone avec empressement pour l'un, et écœurement pour l'autre. Et je me sens tout à coup isolé. En moi, de la mélancolie s'ébruite. On dirait une musique esseulée au fond d'un gouffre. Ma vie joue un air triste et dur qui ne peut plaire à personne. Quand je déprime ainsi, je me sens seul face au monstre.

La vulnérabilité de mon statut est la force de flexibilité de notre économie. Notre système a compris que la souffrance n'a pas de limite. Et que le pire ne pouvant être atteint, notre désolation n'est alors plus qu'une immense marge sur laquelle nous pouvons déborder presque à l'infini.

En attendant, l'ombre noire de mon nuage social grandit autour de moi. Et les gens s'écartent.
Car je me profile comme un risque d'orage.

Nous en sommes encore là. Une fois de plus je l'accuse et il s'excuse. On rejoue cette scène dix fois par jour. Et quand ce n'est pas lui, un autre enfant subit ma rengaine moralisante, ma piqûre de rappel à l'ordre.

Pour lui, il est question d'agressivité. Il peut frapper, humilier, et s'amuser de la détresse qu'il confectionne en heurtant ses camarades. C'est un jeune « sociopathe » en pleine croissance. La maladie mentale doit déjà pointer le bout de son nez. Quand l'histoire qui éduque et pétrit cet enfant l'aura suffisamment écrasé, une névrose ou une psychose pourra s'installer dans les plis de son cerveau.

Evidemment, de l'aide spécialisée lui est apportée, et une forme de résilience est envisageable. Mais je m'interroge sur le refrain de mes « menaces ». Mes couplets désobligeants sur son comportement se répètent trop souvent. Symboliquement, le message devient trop dur. Sous le couvert de mots toujours présentables, la substance inscrite en filigrane dans mes paroles devient violente et destructrice. Quand je le gronde, implicitement je ne fais que lui seriner qu'il est mauvais. Et ces critiques indirectes prennent le dessus, comme une mauvaise saveur dominant tout le reste.

Il devient l'accusé éternel. Son temps, il le passe devant des jurés et des plaignants. Réprimandes et excuses alternent sans fin… C'est un naufragé sur un pendule. Et son psychisme se façonne dans cet aller-retour absurde. Ce qui rentre en lui n'est plus qu'une somme de stress, de frustration, de colère, et d'étourdissement. Quand il essaie alors de poser une pensée, celle-ci se renverse aussitôt. Il est pris dans le vertige de la proie. Il saute de mine en mine et perd continuellement ses repères. Les punitions, les remontrances, les excuses le percutent et l'inquiètent. Il y répond alternativement par une agressivité névrotique, ou par des assentiments détachés et enrobés d'excuses machinales. Dans un cas comme dans l'autre, il ne raisonne plus. Son esprit est congestionné.

Il ne lui reste ainsi plus que la difformité de ses sentiments. Alors, quand il passe l'entrée de l'école, quand un camarade s'approche, quand il ouvre un cahier, quand il sourit, quoi qu'il fasse, de la crainte et de la méfiance adhèrent à ses expressions. Se sentant toujours hors norme, dénigré ou réprouvé, il grandit dans la défiance et l'angoisse ; c'est ainsi que s'adaptent les prisonniers.

Parfois, j'ai l'impression de le maintenir dans la fosse aux excuses. Cela ressemble à de la tyrannie. Je l'oppresse au lieu de l'instruire.

Il est surprenant d'observer l'asservissement et le fascisme se glisser au-devant de nos bonnes intentions.

En ville, les écoles sont des blocs de béton que surplombent des arènes d'immeubles. Les enfants y jouent sur du goudron. Rien n'y est à leur mesure et encore moins à leur nature. C'est uniquement par le corps vivant et expérimentant que l'on apprend. Que peut vivre un enfant enfermé dans l'urbanisation, détenu à distance de la nature, soumis aux interdictions d'un milieu artificiel ?

Enlever à nos corps les ressentis et l'expérience de l'environnement naturel est une forme de lobotomie. Chez les adultes cette réalité n'est même plus éprouvée ou perçue. Car la pensée n'est que le phénomène produit par la rencontre d'un corps physique et de son environnement. Et ce lien étant rompu, la pensée n'est plus engendrée.

Ce défaut d'expérience entre le corps et l'environnement est démultiplié par notre modernité. En lieu et place de la nature, une culture de l'artifice désolidarise l'unité vertueuse de l'être. Je le répète, notre conscience est un corps doté d'un environnement. A l'école, le français et les maths c'est bien. Mais seuls une pensée, un corps, une émotion, et un environnement peuvent produire une conscience. Le vécu élémentaire avec notre être se perd. Notre lien à l'intériorité se dénoue. La consommation de masse anémie nos sens. Nos corps sont surpeuplés d'émotions anonymes ! Le divertissement nous épargne l'acte de penser. Nos ressentis de bien-être découlent principalement de nos achats. Quel état de conscience peut engendrer ce système ?

Tout cela m'amène à dresser une petite liste des dissonances de mon métier. En premier lieu ce trouve cette humiliante sensation qu'inflige l'ingratitude lorsqu'elle est la récompense de l'implication. C'est que le fouet de l'iniquité contrôle parfaitement les attelages de travailleurs.

Mais il n'y a pas vraiment de surprise. Car la première dichotomie s'impose immédiatement. En effet, dès que l'on accepte un contrat de travail précaire, on sait que la valeur de notre investissement ne garantira aucune sécurité.

Dans le même temps vient un deuxième accroc d'incohérence. On sollicite en nous les valeurs élevées de la motivation, de l'engagement, alors même que l'on nous exploite par les bas salaires.

Autre élément de la liste, autre effritement du sens : l'absence de valorisation sociale. De là se cristallisent une honte et une gêne qui imprègnent notre statut de travailleur précaire. Notre présence sur les lieux du travail pourrait même nous sembler inopportune face aux travailleurs jugés « normaux ». Le travail effectué est pourtant concret, indispensable, mais notre présence reste abstraite et secondaire. Il faut s'investir et recevoir la marque du dédain.

La reconnaissance est pourtant l'un des médiateurs utiles à la qualité du travail. Elle favorise le désir d'exister, et donne une pulsion d'être bénéfique au monde.

En tant qu'assistant de vie scolaire, rares sont ceux qui m'estiment. Mes employeurs, la société, certains de mes proches même, sont aux abonnés absents. A force, j'en viens à m'infliger tout seul cet opprobre social. Je ne reconnais plus le mérite de mon travail.

Une légère pluie d'absurdité nous désoriente continuellement. Nous sommes l'outil politique, la réforme de façade, le faire-valoir d'une économie souple et réactive vantant ses vertus en imposant la pauvreté. On nous réduit en éléments jetables, assignés à un effort vain et permanent. La valeur de notre travail n'est qu'un accessoire économique. Nous sommes l'amortisseur social du lourd capital des plus riches.

Ainsi, le travailleur précaire n'est plus que le ciment de la pauvreté. Il scelle les pierres dans le mur des inégalités. Et il se doit de rester motivé, de nier l'envers du décor, de travailler et d'incarner un stéréotype — d'être un leurre sur la scène et une conscience endormie en coulisse.

Un autre illogisme, encore, déstabilise le parcours du travailleur précaire. Il s'agit de l'absence de formation qualifiante compensée par des formations dilatoires ou infécondes. Un choix est proposé en une multitude de formations désincarnées de sens et de débouchés. Quant aux rares et inaccessibles formations qualifiantes, elles ne sont que la caution de la bonne volonté politique.

Il faut se rendre compte qu'il n'y a rien de plus démobilisant que de ne pouvoir valoriser l'énergie et les compétences exprimées dans le travail. Et une formation constructive pallierait ce découragement.

Ainsi, dans le meilleur des cas, on ne reconnaît le savoir faire que de manière informelle. La personne expérimentée, adaptée à son travail, reste officiellement déclassée. Elle est abandonnée à un non-lieu, un non-être, un non savoir. Ainsi, mon statut d'Assistant de Vie Scolaire ne peut être honoré d'une formation et gratifié d'un diplôme. Le travail se définit en une injonction à l'effort, rien d'autre.

Où peut se situer l'envie dans ce désordre ?

Je remarque toujours plus d'incohérences, de confusions et de pensées équivoques qui s'agrègent entre mon travail et moi. Et le rôle de la politique académique renforce ce sentiment.

Au cœur de l'Education Nationale réside un protocole sacré. Il ordonne et contrôle l'évaluation des professeurs. Les pédagogies et les programmes scolaires sont passés à la loupe des théories éducatives du jour. L'inspecteur inspecte ses troupes, et impose un stress normatif. Je suis interloqué par ces principes de castration du travailleur. Et surpris de constater que dans le même temps et le même espace, aucun regard ne se porte sur le petit troupeau proscrit des travailleurs précaires de l'Education Nationale.

Alors que l'effectif officiel des enseignants est évalué, scruté… l'effectif *officieux* des aesh est quand à lui ignoré, dédaigné.

Mais que l'on soit sous le contrôle d'un regard coercitif ou dans l'angle mort de son dédain, on ressent le même viol de sa liberté. L'homme scruté comme l'homme effacé ont en commun de ne pouvoir être que l'ombre d'eux-mêmes.

Tous ces vents contraires nous déchirent et laissent flotter nos esprits en lambeaux. Nous dérivons dans un enchevêtrement de courants inverses. Heureusement pour l'institution, la révolte est un cap que notre résignation ne peut tenir.

Les effets discordants sont partout.

Le handicap chez l'enfant intensifie souvent les alternances d'excès, les oscillations de sentiments. Un enfant peut être exemplaire dans sa sagesse, sublimer ses capacités, puis retomber brusquement dans une rage, une lassitude, un travers. Ce qui est attendu, anticipé, pressenti arrive rarement. Les enfants sont les alchimistes de l'inattendu. Ils sont les techniciens du changement. Et les ruptures sidérantes qu'ils produisent nécessitent des réponses immédiates. Devant cette difficulté, les sciences sociales répondent par des théories qui sont autant de choix. Et puisqu'il faut sans cesse de nouvelles prédispositions, nous devrions mobiliser notre instinct. Deux outils sont là : la connaissance en tant que richesse limitée, et l'intuition en tant que ressenti illimité.

Les acquis théoriques échouent à déterminer des itinéraires clairs et élémentaires. Les quantités de soin, de pédagogie, de temps et d'opiniâtreté dont on se munit, sont des passerelles accrochées aux fissures instables des enfants. La pédagogie est un complexe d'idées, de méthodes, d'adaptations et de principes sans vérité. On jongle avec des masses émotives vivantes, changeantes, sans autre certitude que la journée prendra fin. Et quand le fil que l'on suivait casse, le mauvais choix pédagogique ajoute du désordre au désordre.

Mais un peu d'intuition peut ordonner le savoir.

Les aiguilles de l'horloge bouclent les derniers tours de la journée. Arrive la sonnerie. Une effervescence soudaine de bruit et de mouvement se projette hors de l'école. Ensuite viendra le calme, peu à peu ; et le retour à soi.

Les enfants sont rendus à leurs lieux, à leurs familles, à leurs moules culturels propres. Ils transitent ainsi d'une influence à une autre, l'esprit façonné par différentes réalités. Ils passent le seuil de la classe et retrouvent derrière le portail un parent, un ami, une solitude, une identité autre.

Parmi eux un enfant retrouve chaque soir une mère désemparée, seule, violente. Quotidiennement elle l'attire et l'écrase en elle, ou le rejette avec dégoût. Liés par l'affection et le sang ils s'enferment dans leur drame. L'histoire qui s'écrit est celle d'un enfant emporté dans l'existence d'une mère chancelante et dépressive. Il est ainsi submergé d'une vie extérieure, étrangère à la sienne. Il n'a probablement jamais vécu, pensé ou ressenti le monde par lui-même. Il a été façonné comme un prolongement des émotions de sa mère. Et son corps est hanté par la folie de cet hôte malvenu.

Il reste très peu d'espace pour lui, trop peu. Il est comme enfermé dans le sous-sol d'une maison ou bouclé dans le grenier. Et quand il n'y a que l'ombre et le froid, la maladie vient tenir compagnie. Ainsi, ne pouvant exister, il crie. Il déchire, désaccorde et foudroie son psychisme. Son identité devenant aussi pâle que la mort, il met de l'éclat dans ses pathologies.

Autour de lui l'environnement est instable ; il est celui de la subjectivité fiévreuse et lunatique de sa mère. C'est un enfant entièrement colorié par l'angoisse. Son trouble est vaste et son vertige ne semble pas connaître de limite. Il n'a pas assez d'être, pas assez d'intégrité pour observer la réalité autour de lui. Alors il se replie et se cantonne dans un autisme artificiel. Ses yeux, ses mots, sa présence se détournent du monde et longent des murs de mutisme, de rêve ou de logorrhée irrationnelle. Le soin le plus pertinent consiste donc à le lester de réalités et d'émotions stables. Il lui faut un lieu neutre pour expérimenter en lui une sensibilité autonome.

Il est très impressionnant d'observer la construction d'une pathologie par l'action du cadre de vie. L'histoire de cet enfant est la démonstration d'un potentiel sain que l'on détruit peu à peu. Mais il se bat contre ce désordre.

A l'école il est un naufragé rejeté sur une plage. Il s'agrippe à ce récif de sable fin. Au large, le chaos écumant des vagues persiste et promet de revenir l'emporter. Mais pour quelques heures il est à l'abri.

De sa famille à l'école s'articule l'influence de deux pôles. En classe il refait ses premiers pas, et voit ses déséquilibres de confiance diminuer. Ses mots deviennent des confidences, et timidement il ose poser sa pensée sur le monde.

Il se redresse malgré la pesanteur de l'entropie. Agé de quelques années, coutumier des ruines, des

carences et des peurs, il résiste à la déprédation de
son être.

Et ce combat fondamental s'impose à un enfant de dix ans.

Un ancien prisonnier parle seul, face au mur de ses souvenirs. Si on ne se fiait qu'au rideau de pluie de ses pensées, la nuit serait un cloître exigu et le jour un espace trop vaste pour s'enfuir.

Après des années de libertés retrouvées, ses sentiments s'écorchent encore aux réminiscences des barreaux, des grilles et des barbelés. Peut-être ne s'agit-il même pas de mémoire. Peut-être que sa prison, aujourd'hui, ne tient qu'à l'abysse d'une sombre empreinte émotionnelle.

L'humanité parlemente, seule, face au mur de ses instincts. Peut-elle oublier sa violence ? Durant presque une éternité, sa brutalité et son âpreté ont représenté ses valeurs refuges. Son inconscient est marqué par le feu qu'il fallait arracher aux éclairs, par la vie qu'elle extorquait à la mort. Et cela reste un tourment, une fierté, un penchant. Alors, quand enfin et parfois, l'émancipation et les choix éthiques sont possibles, l'humanité reste hantée et tentée par la férocité des combats.

La matière se meut, seule, face au mur de son inertie. Et alors qu'un de ses minuscules soubresauts engendre la vie sur le sol d'une planète, rien ne change dans ses monstrueux torrents d'énergies célestes. L'élan de ses forces reste celui d'une ancestrale explosion. Et cela résonne dangereusement sur le cristal naissant de la vie.

Je ravale mes angoisses, seul, face au mur de mes douleurs. Le mal, qui un jour a traversé mon corps, a laissé dans ma mémoire une esquille. Depuis, cet éclat émoussé irrite mes émotions. Et la souffrance physique demeure, dorénavant pur produit d'une infection psychologique.

Un enfant s'effondre, seul, face au mur de son avenir. En se relevant, il se découvre adulte, grandi. Mais l'instant présent n'est plus éternel et le goût du rêve lui est devenu artificiel. Que s'est-il passé ? Il se sent transformé. Une moitié de son être s'est opacifiée. Ses pensées et son énergie ont dévié de leur cours. Il se sent presque amputé. Ce vide dans ses forces, ce pillage dans ses libertés sont en réalité des sacrifices. Pour devenir adulte, il vient de céder une part de ses capacités à l'utopie. Et cette utopie sera la prison de ses facultés. Car l'utopie n'est pas un idéal inaccessible, mais un concept abstrait dévitalisant la force vivante de nos idéaux.

En grandissant, il a donc rencontré le mur des hommes, le mur de son avenir, et s'est étourdi à son contact. Car la civilisation transporte en elle un fatalisme qui assomme. Pour quitter l'enfance, il a respiré et incorporé cette résignation de l'être.

Ce deuil *des possibles* sépare l'idéalisme du pragmatisme. Pourquoi rêver, puisque de la mort nous tirons la leçon trompeuse d'un bonheur inatteignable. Frustrés et tourmentés par notre mortalité, nous haïssons donc en permanence l'impuissance de nos vertus. En les jugeant alors inutiles, nous les compromettons. Les entorses éthiques et morales deviennent notre dû, notre butin arraché à la mort. Et si nos aigreurs et notre cynisme nous tuent, nous pouvons au moins mourir de cette révolte, de cette haine et de ce désespoir — manière tragique et absurde de rester maître de son destin.

Nous abandonnons nos jardins de rêves pour labourer des champs de cauchemars. Nous ne croyons qu'en une réalité prosaïque, funeste, implacable. Nous cherchons à nous désenchanter du mal comme du bien. Et dans ce monde, le glissement de l'enfance à l'âge adulte devient le symbole de nos renoncements — véritable rituel de passage où l'enfant abandonne la fraîcheur de son potentiel à la froideur de l'utopie.

Pour une personne handicapée, lésée, violée, avilie, ce monde est dramatique, car sans recours. Alors ne vendons pas notre âme à l'utopie, et rachetons une à une nos responsabilités éthiques.

Le jour se lève, mais des ombres froides restent au fond de moi. Je suis transi par mes renoncements. Mon indifférence me glace la peau. La chaleur n'est même plus un souvenir : elle n'a jamais existé. Je suis un bloc gelé, lassé et désintéressé. L'indifférence devient un alcool dont j'attends l'ivresse, une drogue pour éveiller l'oubli des entraves professionnelles. Ces journées de cendres, de charbon, de mines infertiles apparaissent de temps en temps au cours de l'année.

Aujourd'hui, je vais abandonner. Je vais abdiquer inlassablement, et laisser le temps passer. Je vais regarder le vase tomber, sans un geste. Je veux voir les débris, les éclats, les morceaux tranchants… et tourner les talons.

À neuf heures je m'énerverai contre un enfant incapable de retenir le nom d'une lettre. J'oublierai sa pathologie ainsi que les méthodes d'enseignement appropriées. J'exigerai qu'il mémorise mécaniquement, sans soupir et sans joie. J'aurai l'obsession irréfléchie de m'écarter du sens et de la sensibilité de l'instruction. Il ne comprendra rien, quelques larmes feront pression dans ses yeux, et je serai frustré.

Vers dix heures, lors d'une réunion de façade, je m'emploierai à la discrétion. Les faux-semblants et les sujets que l'on évite seront à l'ordre du jour. Alors je ne dirai rien du désastre que l'on met en scène en réunissant des enfants et des pathologies antagonistes au sein d'une même classe. Je resterai silencieux, détaché, commodément inhumain.

Onze heures… la journée deviendra lourde, orageuse. L'esprit sera extirpé de ma chair et ramené à fleur de peau par la griffe des mauvaises conditions de travail. Et je ne ferai rien pour contrarier le penchant de cette mauvaise journée. Plutôt, je m'enterrerai dans l'indifférence.

À treize heures trente, un enfant de la classe transformera sa souffrance en un accès de hargne abrupt. Trop épuisé pour contenir la pression de son mal être, il se sublimera dangereusement — une pierre volcanique redevenant lave. Sa furie sera une menace pour lui ou pour quelqu'un d'autre. Il brûlera comme la mèche d'un explosif, et je louvoierai, à distance. Je ne tiendrai pas compte des risques et de la gravité de la situation. Trop de choses sont alarmantes, alors on laisse des incendies courir librement. Au mieux, je parerai au plus pressé, sans intention secourable. Je noierai même les traces, les stigmates, et ne signalerai pas cet incident. Provisoirement, cela arrangera tout le monde. Et puis cela me protègera ; car la hiérarchie hait tous ceux qui s'attachent à ne pas ignorer les problèmes. Je pense ici aux parents menaçants, à l'institution académique désavouant ses employés pour se dédouaner, aux services de sécurité civile et aux services d'ordre réticents à la moindre prise en charge d'un accident.

Alors oui, pour ne pas être seul responsable d'une fatalité qui ne vous appartient pas, mieux vaut ne pas s'impliquer trop ardemment près des braises qui menacent.

Vers quinze heures, un enfant tiendra des propos homophobes. Sa cruauté sera un amalgame de vulgarités, d'ignorance, de jeu, de défi. Autour de l'inconséquence de son aplomb bourdonnera sa sphère sociale. On percevra les fils d'influences et de croyances auxquels il est suspendu. On se retrouvera alors indirectement confronté à un enfant et son milieu. Et dans ce cas, cela représentera un assaut très lourd d'opinions impulsives, perverties et dégénérées. On sera emporté sur un front de guerre où l'indigence et la pauvreté sociale explosent et blessent parfois irréversiblement.

Rien ne calmera l'enfant. Il continuera d'enfoncer ses paroles comme un clou rouillé. Il faudra prévenir ses parents — et le cortège épuisant du conflit s'étendra. Parfois, si l'on n'y prend pas garde, nos intentions louables n'ouvrent que des brèches offertes à la progression des discordes. Quelques rares enfants sont ainsi. Chaque lien qu'ils tissent pilote une menace, administre une intimidation.

Alors, ce jour-là, pour calmer l'enfant, je lancerai une manœuvre dilatoire. Et devant de ses camarades, je ferai passer la violence de ses paroles pour une crise anodine, sans importance. Je n'aurai pas l'audace d'aborder la problématique en jeu. De cette manière, je laisserai libre cours à des idées et des propos sordides.

Je laisserai cette fois le dernier mot à l'agressivité. Ne pas chercher à rétablir une justice pour acheter momentanément une paix sociale. Et après moi le déluge ! C'est qu'il faut une puissance de résolution sacrificielle pour promouvoir une véritable éthique à l'école.

En attendant : les peurs, les gênes, les craintes font d'une école neutre une école creuse — un non-lieu de culture et de conviction.

Pour finir, juste avant que la sonnerie ne retentisse, je bâclerai une explication auprès d'un enfant. La hâte d'en finir se débarrasse toujours de l'encombrante application. Terminer, atteindre la fin, tout verser en vrac dans les cartables et les têtes des enfants. Durant quelques minutes il ne sera plus question de comprendre ni même de retenir. Il ne s'agira plus d'émouvoir leurs pensées ou d'offrir du temps à leur curiosité. Il faudra faire illusion, faire irréfléchi, faire semblant, faire vite. Fin de journée, fin d'année, fin de programme, fin de moyen, fin d'envie.

Le programme scolaire est une quantité abstraite, une masse isolée, un volume sans interaction avec l'émotion humaine. Seul devrait compter leurs curiosités et leurs questions. Mais le mécanisme pédagogique prévaut. Les écoles sont des imprimeries humaines. Les enfants sont-ils des feuilles blanches sans vie ? L'essentiel devrait être de nourrir leur motivation, de répondre à leurs questions, et de guider leur créativité naturelle. La didactique ordinaire des enseignants ne répond en rien à ces besoins premiers de l'apprentissage.

Ainsi la transmission des connaissances demeure toujours aussi exclusive pour certains, inopérante pour d'autres, et globalement pauvre. Evidement, la fatigue entretient ce phénomène... le manque de temps l'accélère... l'exigence d'objectifs le précipite... les perturbations sociales et culturelles le démultiplient. Alors l'école devient un *fast-food* où une parole d'automate sert des plateaux d'informations dénaturées.

En fin de journée, quand je quitte l'école, je ne me retrouve pas vraiment seul. Quand je m'éloigne et rentre chez moi, quand l'heure et les lieux changent, quelques bribes du jour restent en moi. Ce sont des morceaux de journée insérés et coincés dans ma mémoire. Ils infusent et teintent mes sentiments. Cela envahit parfois mes soirées, mes nuits. Cela trouble et alourdit mon repos. Aussi, l'accès au moment présent me reste hors de portée. Et le jour qui s'achève se transforme en un crépuscule interminable, suspendu à de petites lumières agitées capables de repousser la nuit jusqu'à l'aurore.

Un soir, alors que je m'affale dans ma fatigue, une image de la journée désordonne mes pensées. Je revois un enfant enserré dans sa torpeur, semblant porter son handicap telle une camisole de force.

Continuellement excédé, oppressé, il brûle du désir d'échapper à ce poids infirme en lui. Souvent son regard se perd, donnant l'impression d'une absence, d'une légèreté de l'être si lisse que l'infirmité s'en détache. De ces petits apartés atones il tire ainsi un sursaut d'âme.

On pourrait dire que, par le rêve, par l'apathie comme par l'averse de ses rires et de ses larmes, il explore et tente de comprendre la carte du réel.

Je constate que son anomalie mentale n'entrave pas ses pulsions. Il a les élans, les intuitions, les tensions et tentations les plus fines et complexes de la condition humaine. Sa curiosité est piquante et sa sociabilité avenante. Sa raison reste instinctivement alerte. Mais tout cela ne peut échapper à l'espace fluctuant et arbitraire de sa déficience.

Alors, suivant un rythme syncopé il se débat pour rompre la bride du handicap. Chaque émotion devient est un appel d'air exacerbé par lequel il se libère et atteint le monde.

Je comprends l'importance de ne pas opposer d'interdit et d'entrave à ces jets d'émotions. Ainsi il parle, communique, tente de ressentir et d'élaborer sa présence auprès du réel.

Ses rages comme ses exaltations propulsent son corps et sa conscience au-delà du récif du handicap. Un jour peut-être sa part d'âme s'incarnera sur un horizon délié, après un dernier cri rebelle.

Je suis régulièrement bloqué. Je manque de temps, de connaissances, et pour agir mes émotions m'aident ou me freinent. C'est ainsi que je vis, entouré de limites, d'incapacité. Et de ce fait, de cette condition me vient la sensation de buter parfois derrière ce qui pourrait être une fenêtre, une issue. La lumière passe, enjôleuse, mais la vitre réduit mon espace à deux dimensions. Impossible de trouver la profondeur, d'avancer et de ressentir l'élan attendu. Une barrière inconcevable et immatérielle s'oppose à mon corps. Mes mouvements sont vains. Mais j'insiste pour ne pas renoncer à mon besoin de mobilité. Car de l'autre côté, la liberté frôle la vitre. Et plus que tout, j'ai ce désir d'aisance, de légèreté, d'évasion. Heureusement, je suis habituellement en mesure d'entrouvrir cette fenêtre, et de m'affranchir quelque peu.

Pour les enfants le handicap est une tyrannie. Et quelle qu'en soit la nature, chaque enfant est sous le joug de ce tyran qu'il porte en lui. Je le conçois, je le comprends, et j'entends la permanence de ce harcèlement. Je vois leurs efforts inlassables, leurs frustrations, et leurs vies se contorsionner dans ce carcan autoritaire. Je vois la pénurie de simplicité et d'innocence entraver leur épanouissement.

Dans ces conditions, chaque enfant est captif de sa propre tempête. Certains doivent gérer l'orage intarissable de leurs colères et de leurs abattements. D'autres, effrayés, tourmentés, doivent supporter leurs égarements continuels sur les abords de la réalité. D'autres encore, devront consentir aux défaillances de leur motricité et aux douleurs des chutes.

Ils vivent pour conserver d'infimes harmonies recluses en eux. Cela est l'éternelle astreinte des carences.

Je me demande souvent où reposent les solutions. Faut-il du rêve ou de l'espoir pour les dépister ? Se trouvent-elles au bout d'une idée, d'une thérapie ? Sont-elles des graines confinées dans une mauvaise terre ? Ou des velléités éthiques esseulées, recouvertes par trop d'ignorance collective ?

Oui, on dédaigne nos faiblesses. L'humanité se détourne du don de sa vulnérabilité.

La douleur reste la lutte des faibles. Une lutte désertée où l'on pourrait gagner l'essentiel de nos vertus et de nos forces.

Partager la conscience de notre fragilité nous fait vivre. Le reste nous tue.

En classe, une mosaïque du monde est mise en scène. Dans ce petit espace cerné de quatre murs se jouent des histoires universelles. Le monde est ici concentré dans une goute d'huile essentielle. Je pourrais presque affirmer que parfois, sur quelques mètres carrés se mêlent toutes les lumières.

Je mène un voyage dans la société des enfants. Je rencontre leurs hiérarchies sociales, culturelles ; je découvre les nuances de pensées, de croyances, et de déséquilibres intimes ; je vois les ramifications de leurs vies se croiser et se côtoyer sur un plan commun ; je distingue une altérité en chacun d'eux ; et je sensibilise ma conscience à ce monde, où s'entrechoquent et se multiplient les singularités. Ce microcosme est ma petite planète sans frontière, que je visite, que j'explore.

Je travaille donc dans un monde en miniature. Les enfants handicapés de la classe agissent, se déplacent, s'instruisent, rêvent, parlent. Ils abordent toutes les composantes de l'existence. Ils vivent en produisant une véritable histoire complexe. En classe apparaissent des guerres, des élans de solidarité, des promesses d'amitié, des projets et des découvertes. Tout cela s'exprime comme s'exprime le monde. Tout cela remue comme remue le monde.

Les enfants n'expérimentent rien de plus que les adultes, et ne vivent rien de moins. La réalité n'attend pas la sortie de l'âge tendre. Elle se fixe en nous dès notre gestation, tel un organe indispensable — et nous enferme dans la vie, pour le meilleur et pour le pire.

C'est par ce fait, que les plus jeunes d'entre nous peuvent tout.

Dans la classe, je vois le pouvoir rouler comme une bille, la convoitise des enfants arrondissant leurs yeux d'envie. Et j'aperçois le bien-être de ceux qui ne s'y intéressent pas.

J'assiste aussi à de petits conflits dont la violence tient aux sentiments plus qu'aux enjeux. Leurs chamailleries, parfois dangereuses, ont une amorce universelle. Leurs guerres, à eux aussi, se déclenchent dans la poudre des mauvaises émotions.

Quand ils rêvent, leurs pensées deviennent toutes-puissantes, à la fois irrationnelles et fondatrices. Ils ont les rêves prosaïques et utopiques, dont tout être humain se sert pour se consoler.

Ils savent infliger des oppressions avec finesse. Ils peuvent être d'une subtilité atroce pour imposer et exploiter la souffrance. Comme tous, ils possèdent et expérimentent la faculté du tortionnaire.

À certaines heures, le partage les attire. Ils se donnent leurs feutres, leurs goûters, et proposent leur aide sans contrepartie. Ils ont le réflexe du sacrifice.

Une majorité d'entre eux cherche en permanence à changer de place. Dans la classe, dans le rang, dans l'attention des adultes et sur la carte de leurs existences ils modifient leurs positions. Ils ont dans le sang la stratégie des hiérarchies, ou parfois celle des nomades.

Ils fourmillent d'interactions. Tout est expression et émotion. Du cri au silence, du geste au mot, de la main à l'outil, de la proximité à l'éloignement ils envoient leurs messages. Ils sont les génies immatures de la communication.

Quand ils échangent leurs billes, ce sont des calculs et des optimisations du capital qui se chiffrent. La rentabilité se substitue à leur imaginaire… déjà. Ils sont les jeunes pions d'une vieille et archaïque économie.

J'ai vu à leurs lèvres les plus légers sourires, et les rires les plus impétueux. Ils peuvent s'amuser d'une peur : comme celle du noir. Ils plaisantent pour critiquer et supporter la vie. Ils aiment être absurdes et loufoques pour fêter gaiement l'étrangeté de l'existence. L'humour est pour eux la meilleure des cours de récréation.

Ils rêvent pour enchanter leur sentiment d'être. Ils inventent des histoires comme pour s'entraîner à vivre. Ils créent des jeux, des avions de papier, des dessins, des aventures. Leur soif de se découvrir s'épanche dans leur libre créativité.

Leurs colères et leurs peines n'ont pas d'âge. Leurs dépressions ne sont jamais anodines ou puériles. Ils savent que la solitude est une ruine. Ils connaissent ainsi les chutes dans le chaos.

Ils dépendent d'innombrables émotions. Ils se ravissent des compliments. Quoi qu'ils fassent, tout est propice à raconter leurs sentiments. Toutes leurs humeurs sont des appels à l'attention. Ils utilisent l'empathie tel un cheval de Troie. Ils excellent déjà dans l'art de ressentir et de faire ressentir.

Ils ont parfois une force maladroite mais semblent agiles avec leurs faiblesses. Le handicap se présente à eux dans toutes ses ambivalences. Leur bonheur, par exemple, est exceptionnel quand il est le répit de leur malheur. Ils savent qu'un rayon de soleil après la tempête réchauffe plus qu'un interminable été de ciel bleu.

Je pourrais les décrire encore et encore… mais à quoi bon ? Une liste inachevée me semble suffisante pour dire qu'ils forment un microcosme complet — véritable germoir à vertus.

Désormais, la fatigue est ma pression artérielle. Et je ne cherche pas à connaître l'origine de cet épuisement. Je préfère regarder ailleurs. Mais à force de me nier, mes journées se transforment en nuits tourmentées, et mes heures d'éveil se font rares. Peu importe… Chaque jour, je m'accommode de mes mille mensonges. Il suffit de détourner les yeux, de distraire son attention, et un autre monde apparaît — un monde dangereusement indolore.

Là, je ne vois pas l'enfant qui appelle à l'aide ; là, j'ignore le mot révélateur d'une conversation ; là, j'observe avec détachement les larmes et l'injustice que les rouages du système imposent à une famille. J'aspire à négliger tant de choses. J'en profite même pour oublier les clauses de mépris et d'humiliations inscrites en filigrane sur mon contrat de travail.

Ma réalité est une combinaison de petits arrangements. J'additionne des éclats de mensonges, je colle entre eux des morceaux d'hypocrisie, je laisse au déni le soin d'édifier ma conscience. Il y a tant de fuites anodines et d'illusions ordinaires que ma vie devient une imposture.

Je réfléchis à cela en observant et en travaillant jour après jour avec des enfants de la classe. L'un d'eux en particulier est doué pour rompre avec la réalité. Comme moi il perd dans ces moments là ses facultés, son intégrité. Mais en lui cette dissociation du réel est plus profonde. Personnellement, je me contente d'être un « schizophrène » moyen, commun, bien intégré et bien toléré.

À l'inverse, pour cet enfant le mal se complexifie. Il vit avec les différentes versions de son histoire que lui racontent les personnes qui le soignent. Tous, à leur manière — famille et professionnels — lui offrent un rôle, une façon d'être et de devenir. On interprète sa vie, ses envies, ses déviances. Et lui se joue de tous ces masques que l'on tente d'épingler à son visage. Il jongle, parle et existe avec tout ce qui n'est pas lui. Il se perd.

Plus on l'entoure, et plus il est seul. Bien sûr, il réside, respire et pense dans l'entonnoir de son infirmité cognitive. On pourrait alors croire que de cette déficience découle sa difficulté à stabiliser sa personnalité dans le réel. Mais sa déficience n'est pas une force de gravité qui le soustrait à la logique ou à la vraisemblance du monde. Ce qui l'écarte et l'éloigne de toute cohérence sont les oppositions de vues que l'on porte vers lui.

Des voix distinctes lui racontent le monde. Chacune décline sa propre mise en scène. Et chacune lui précise le rôle qu'il incarne. Sa mère, son père, un spécialiste, une institution, un instituteur, une personne et encore une autre… lui imposent un champ de référence toujours différent. Cela peut aller très loin — jusqu'au déni même de son handicap, murmuré par les doux mots de sa mère. Alors il saute d'un monde à l'autre en fonction du cadre ou de ses besoins. Il devient littéralement le détenteur d'une réalité multiple dans laquelle il se dissocie.

Pour son père, il est un monstre. Une sorte d'héritage familial maléfique dont il aimerait bien se débarrasser. Remiser cette chose au fond d'une malle cadenassée ne serait pas inimaginable pour lui. Et cela transpire, cela s'exprime dans ses gestes et ses attitudes quotidiennes.

Pour sa mère, il est un ange. Elle sublime son handicap en une forme élégante de supériorité incomprise. Elle le surprotège, le sur-affectionne, et décore au besoin sa réalité de croyances, de mythes religieux, et de fables improvisées. Elle construit et aménage pour lui une nef des fous.

Pour le spécialiste, la pathologie est claire, ou presque. Et le protocole de soin en découle, telle une mécanique bien ajustée à la logique du diagnostic. Il propose à l'enfant une grille d'analyse et une structure thérapeutique standardisées. Il lui dit qu'il est une pièce du puzzle à laquelle on redonnera sa place prédéfinie et immuable.

Pour un autre spécialiste, l'enfant est un mystère, un lieu à découvrir. Il est un temple de milles pièces entre lesquelles des couloirs courent et se ramifient tel un branchage illimité. Il propose à l'enfant un monde où il peut tout expérimenter, tout ressentir, tout écouter. Il lui dit que tout est malléable — lui et le monde compris. Il lui dit et lui redit, que les issues sont aussi nombreuses que les atomes qui le constituent.

Pour l'institution spécialisée, il doit exister et s'exprimer par le biais de son handicap. Il ne devra s'incarner qu'au travers de sa pathologie. Sa vie se déroulera sur une scène spécialisée, adaptée — en marge du monde. Progressivement, il sera enveloppé d'un univers sur mesure. Il verra l'espace autour de lui se plier sous le poids de son relief, et prendre les couleurs de ses émotions.

Pour l'école, il est l'enfant qui a le droit et l'opportunité d'appartenir à la multitude ordinaire du monde.

Tous ces chemins se dérobent et s'imposent successivement à lui.

Dans la classe, à son bureau, il remue ses feutres sur une feuille. Le résultat n'est guère plus qu'un brouillon. Mais il se met à parler de son dessin. Ce qu'il raconte révèle des confusions très nettes. Son dessin est un enchevêtrement de formes abstraites, mais chaque couleur est pour lui une histoire ou un objet sans lien avec le reste. Par moment, je sens que sa réflexion et son imaginaire ne se différencient plus. Et alors qu'il me raconte son dessin, j'entends le roulement d'un chaos.

Il tremble de ne pas comprendre un monde, et on lui en propose cent ! Alors il croit en ces cent mondes et en imagine mille autres.

Il y a cet enfant dans la classe dont la présence et la voix font l'effort de ne pas peser sur le monde. Il est une compagnie silencieuse au corps effacé. Sur le grillage de la cour, un lierre foisonnant recouvre un chèvrefeuille décharné. Cet enfant se laisse ainsi inonder par toute chose. Je sais ses peurs denses et son existence ténue. Toute chose est un lierre qui l'envahit. Je le vois ainsi écrasé par les paroles toniques de ses camarades.

Immobile et fragile, il est une pierre faite de coton. Apeuré, il se fige et s'effiloche au vent de son propre essoufflement. Parler avec lui demande des précautions d'horloger. Sa sensibilité pourrait presque lui briser les os. Plus le monde tente de l'envelopper, plus il se dissout. Il se retient ainsi de penser pour ne pas même être touché par cette densité-là. L'émanation la plus sauvage de sa vie est le réflexe des larmes. Et cette détresse, il l'exprime pleinement.

En classe, en essayant de dénouer ses peurs et son inertie, on cherche ses traits de caractère. Il n'y a rien sur son visage, rien sur sa peau. Il ressemble à une masse de neige lisse et sans trace. Alors on perce cette couche froide où stagnent ses émotions, ses envies, ses pensées et son histoire. On remue en lui les boues et les vases que sont devenues ses pulsions. On tente de faire émerger sur lui le décor de sa vie.

J'ai parfois l'impression de solliciter ses larmes pour arroser le désert de son visage.

Un sentiment rôde en moi et me dérange. Et si son mutisme était la réponse aux hurlements du monde. On sait que les excès de vie entrainent en d'autre lieux des carences. Je comprends qu'une explosion provoque la sidération.

Aujourd'hui, nous n'étions que des objets abîmés parmi tant d'autres. Dans l'école, nous nous confondions aux meubles détériorés par le temps. Il y avait sur nous la poussière terne et le vernis écaillé des outils tombés en désuétude. Je regardais les vieux meubles scolaires, les tables anciennes, les livres jaunis, et les équipements vétustes. Certaines de ces choses élimées servaient encore, alors que d'autres me semblaient remisées pour l'éternité dans les recoins d'ombre de l'école. Je touchais de mes doigts leur revêtement noirci. La saleté de cette teinte représentait la désaffection et l'abandon. Et nous étions l'illustration humaine de ces ustensiles défraîchis, indispensables, et dévalorisés.

Au sein de l'école, on trouve ce que l'on peut appeler les rouages essentiels. Comme dans toute entreprise, grande ou petite, industrielle ou artisanale, on y trouve les outils de la production. Un travail doit être accompli, et certains éléments déterminants sont nécessaires.

L'école doit diffuser les savoirs, doit être entretenue, doit apporter un suivi médical et social, doit organiser les temps hors classe de la journée, et doit s'équiper des outils et du matériel pédagogique re-quis. Pour s'acquitter de ses fonctions, l'école doit posséder un effectif humain et un financement. Ce sont ses rouages essentiels.

Ces rouages sont émoussés. Cela est dû aux carences matérielles et humaines — les besoins dépassent les ressources. Des manques et des anomalies se répandent dans l'effectif et l'équipement. Les outils sont vieillissants ou non disponibles, et une partie de l'équipe éducative est blessée par la précarité.

Dans les rangs de l'éducation nationale une caste de travailleurs précaires est marginalisée. Leurs emplois participent de leur dénuement. Ils œuvrent à la transmission des valeurs dont ils sont eux-mêmes dépossédés.

La pauvreté, les manques, les souffrances ont une masse qui imprime un creux sur le tissu social. Dans ce creux glissent et s'accumulent les personnes lésées. Il suffit, ensuite, qu'autour de ce trou tourne l'inattention d'une société matérialiste pour que ces personnes ne puissent plus se hisser hors de ce puits. Disons que l'absence d'éthique et d'empathie se transforme en une paroi d'indifférence. Et cet abîme insurmontable s'enfonce follement, écrasé par la croissance éclatante d'un sommet consumériste.

Quant à ceux qui se risquent aux abords de cette fosse aux indigents pour tendre des mains secourables, ils finissent par s'affaiblir. Car ils ne sont mandatés et soutenus que par l'hypocrisie et les défauts d'investissements de l'organe social central. Les acteurs sociaux deviennent de la chair à canon pour administrer, cloîtrer, et exploiter la misère.

Voilà comment la pauvreté se retrouve face à elle-même — comment la fragilité des uns se retrouve soutenue par la vulnérabilité des autres. Ainsi des hommes aux intentions solidaires sont isolés et déportés vers la détresse qu'ils souhaitaient combattre.

Dans notre monde, des hommes et des femmes sont sous-alimentés, en reconnaissance, en droit, en opportunité, en justice sociale. Et pourtant, nombre d'entre eux sont les rouages essentiels qui soutiennent nos libertés, et pansent nos plaies.

Un de mes plus anciens souvenirs est rattaché au goût de la solitude. Ne sentir que son propre corps, que ses propres pensées — isolé, inatteignable. La solitude est pour moi un lieu propice à la sauvegarde de mon identité. Elle m'offre l'assurance d'une carte indiquant toujours simplement la direction à prendre pour me retrouver moi-même, libre et souverain.

Enfant, je me sentais dévoré par le monde ; je me désagrégeais à son approche. Les vies des autres étaient des aboiements glaçants. Les conventions sociales et les pulsions des hommes me transperçaient. Je me sentais anémié là où j'aurais dû me sentir nourri. Ainsi la solitude me protégeait en me permettant de me réincarner régulièrement au creux de ma personnalité. Je ne pouvais être moi-même qu'entre les parenthèses d'instants reclus, seul, et enfin farouche.

En société, tenu à l'écart de ma solitude, je me coulais sous un masque de faux-semblants. Un scaphandre d'expressions, d'émotions, de pensées me permettait d'exister communément. Pour parfaire ce camouflage, j'appris même à projeter de moi une image pâle et malléable. Je pouvais ainsi me prêter aisément aux représentations stéréotypées que l'on portait sur moi. Comme beaucoup d'autres, je me laissais donc envelopper d'un rôle de prêt-à-porter.

Mais le temps passant, ce qui était un refuge pour ma personnalité devint un mouroir. Cette solitude aux atouts si protecteurs se transformait en cloître ; et j'y tournais en rond sans trouver d'air. Aucune rencontre, aucune présence, aucune prise à portée de mon esprit. Je glissais et m'enfonçais au fond d'un rôle atone. Pour finir, je dus me battre contre cet isolement et reprendre pied sur le monde. Je me retrouvais alors naufragé, transi, vulnérable mais vivifié. Je me hissais épuisé sur l'armature a-bandonnée de mon identité. J'étais rendu à moi même — frêle, délabré, mais investi d'une volonté d'être.

Aujourd'hui, je sens mon identité perméable et libre à la fois. Pourtant, j'ai parfois l'impression de m'être réduit à incarner mon existence. Il m'arrive encore de rester pétrifié sur le sol d'un monde transformé en manège de rôles, de statues, d'images. La nature factice de ce décorum existentiel me fera, semble-t-il, toujours peur.

Nous avons appris à interpréter des émotions et des interactions manufacturées. De cette façon nous oublions le texte intime et authentique de ce que nous sommes. Un désir exhibitionniste d'images artificielles escamote le caractère propre de nos vies.

Il faut dire que l'authenticité nous expose à des vies incertaines et subversives. Etre soi-même n'offre pas de recours au mensonge, à la lâcheté, à l'igno-rance. Cela demande de puiser notre courage dans le doute et l'inconnu ; alors que les traits de cire de nos masques nous promettent une vaillance sans engagement.

De ces états d'êtres préfabriqués, nous glissons vers des jugements de valeurs prédéterminés, des discriminations orchestrées, et des jeux de rôles massifs et collectifs, tel celui des « Classes Sociales ». Il est important de ressentir que ces rôles et ces manières d'être automatisées dont on s'anime construisent de si solides injustices, et de si sordides communautés désincarnées.

Il est ainsi logique de voir ces expressions de maquillage dont nous sommes friands annexer la diversité de nos territoires de pensée, d'être et d'émotivité. Dans ce théâtre de l'appauvrissement nous développons une immunité contre la connaissance, l'empathie, et l'imaginaire transcendant.

Quand on prend le soin de ne pas être soi, on laisse un rôle évincer notre être. Et cette éviction peut avoir la forme d'un suicide comme d'un meurtre. Car cette prohibition de notre identité peut nous être imposée.

C'est ainsi que je découvre en classe des enfants assujettis au rôle du handicap. Ils sont enchaînés au statut de la personne que l'on soigne, bridés à l'encolure de la faiblesse, attelés au rang des inadaptés. Ils sont pris au piège d'intentions inconditionnellement secourables. Ces enfants là tremblent et désespèrent de ne pouvoir susciter d'autres formes d'attention. Astreints à être indéfiniment soignés, ils s'éloignent infiniment d'eux mêmes. Consignés à un rôle par nos représentations partiales, ils ne peuvent exprimer la véritable nature de leurs caractères. Nous ne les laissons libres qu'à l'intérieur des limites de leurs solitudes. Ils ne peuvent donc pas exister en dehors de ce que nous pouvons concevoir d'eux. Et nous ne pouvons que trop rarement imaginer une fraternité partagée et originale à leurs côtés.

Nous les faisons choir dans des rôles qui leur interdisent de s'émanciper, de changer, de créer, de participer. Et cela sans prendre conscience que nos rôles comme les leurs sont des injonctions à disparaître. Pour eux comme pour nous, ce sont des exils, des puits de solitudes. Ces rôles jugulent la libre émanation de nos personnalités, et nous articulent comme des pantins sur un monde vide, illusoire, froid, et brûlant d'une frénésie d'indifférence.

Avant de fuir, nous retroussons nos corps pour en détacher l'âme qui nous inquiète. Ce sacrifice de l'identité permet de n'être rattrapé ni par nos peurs, ni par nos émotions, ni par l'exigence de vivre.

Tout commence par des parents n'ayant pas tenu l'engagement sacré d'étreindre leur enfant de toutes douceurs — cruelle démission.

Alors arrive ce jour où dénonçant les maltraitances subies, l'enfant ose corrompre le lien de fidélité envers sa famille — inhumaine contrainte pour se protéger.

Suivra l'interrogatoire des instances administratives et protocolaires qui laisseront momentanément l'enfant aux mains de ses bourreaux — inconscience désincarnée de nos mécanismes sociaux.

L'enfant a levé le baume du silence qui recouvrait ses douleurs. Sont apparues les larmes et les carences affectives. On le maltraitait, au sein de la famille, là où toute personne se repose, se confie, se ressource et confectionne ses émotions.

Parler l'a soulagé mais le conflit de loyauté le brûle. Submergé par ce tourment, il va devoir rentrer chez lui, sous les regards de ses parents : ces deux êtres qu'il aime et dénonce.

Dans l'attente d'une décision, il se voit abandonné au soin et à la charge de sa mère et de son père. Ce désaveu de justice lui vole énormément d'espoirs. Mais il est enfant à savoir que l'absolu n'existe pas. Puisse-t-il vivre en croyant successivement à son malheur et à son bonheur. Sans le rêve incessant d'un idéal on avance plus léger. Il le sait instinctivement, et ne dépend pas des promesses des peines et de la joie.

22 juin, l'incidence du vide…

Je me demandais comment représenter l'humanité sous les traits d'un seul personnage. Que ferait cet être, seul ? Et quelle part la plus significative de nos civilisations incarnerait-il ? Pour émettre une réponse, j'inventai une petite histoire, toute pleine de rêves. Le personnage de cette histoire disait ceci :

« J'avance en creusant le néant. Je donne à mes mains et ma pensée le fuselage d'une pointe. J'abats ce pic dans le vide qui éclate comme un bris de roche. Et dans le marbre noir du néant s'ouvrent des creux, des failles, où la vie se répand. Sous l'effort, je plie et m'élève à la fois, je vibre de fatigue et de vigueur. Ma sueur tombe au fond de cette tranchée qui s'ouvre. À ma peau se colle une étrange poussière d'éther. Elle jaillit au fond de cette crevasse, où je perce, où j'entaille. Je la sens plus fine que l'humidité de mes yeux, plus fine que le grain de mon corps. Elle pénètre jusqu'au centre de mes os et poursuit sa chute vers le socle vaporeux de mes émotions. Elle dépose l'empreinte du vide dans la chimie de mon sang, de mes cellules. Et je sens l'oppression du néant se mélanger à l'essor irrésistible de ma vie.

Quand l'atmosphère est trop étouffante, je lève les yeux vers l'espace déjà libéré. Une nappe noire et étoilée me surplombe en toute démesure. Le spectacle me repose un peu. Je sais que les étoiles sont les embruns du néant. Elles sont ce que je suis : le résultat d'ondes de chocs nées des remous démesurés du vide. Et elles deviennent les phares et les repères que l'existence ancre dans l'espace gagné sur la vacuité. »

L'impuissance motive, l'inanité de nos actes exacerbe l'engagement dans les professions sociales et éducatives. Alors que je m'occupe d'enfants handicapés, la nécessité et l'utilité de mon métier n'entraînent que de minimes améliorations concrètes. Quand je prône l'amélioration de mon statut de travailleur social et précaire, je ne suscite aucune attention.

Les progrès sociaux sont souvent vains. Par manque de vertu, l'être humain s'impose une fatalité de l'échec en ce domaine. Je trouve donc émouvante la force de résolution en marche dans ces professions éducatives. Et je trouve encore plus touchant de voir dans les causes perdues pousser les plantes vivaces d'une pharmacopée universelle.

Il y a des souffrances lapidaires. Elles détruisent irrémédiablement vite. Elles empoignent, serrent, et tuent.

Je viens d'apprendre le décès d'un enfant. Il avait passé deux ans dans la classe. Ses problèmes de santé distillaient son temps comme un compte à rebours. En lui, la douleur physique et le désarroi étaient incurables. Son existence était clairsemée de vie et d'espoir. On ne pouvait ignorer la fatalité qui l'accompagnait.

Malgré tout, je me souviens de ses sourires au-dessus de ses peines, de ses joies survolant par instant l'immensité de son drame. Oui, malgré le handicap, il se laissait encore emporter par des exaltations de bonheurs insouciants. Et dans cette allégresse, comme nous tous, il vivait cette éternité qui n'appartient qu'à l'instant présent.

Je me souviens aussi qu'il aimait les couleurs de ses crayons. On aurait dit qu'il ne dessinait que pour mettre en scène la couleur. Dans mes souvenirs : ses vêtements, son cartable, ses cahiers, son visage… tout est pigments, tonalités, teintes et mosaïques.

Il était calme, discret et timide. Il ne s'approchait des autres qu'avec précaution et délicatesse — attentif à leurs besoins. Il avait une douceur et une empathie touchantes, mais tristement issues de son mal.

De cette souffrance découlait aussi un silence. Personne ne lui parlait de la mort. Le sujet était prohibé. Mais ces non-dits flouaient ses émotions et sa conscience. Le tabou qui occultait cette question essentielle le tourmentait. Tous, autour de lui, se concentraient sur sa vie, ses apprentissages, ses soins, son avenir. On ne le laissait pas penser ou croire à la mort. Et ce qui devenait imminent était vainement ignoré. Dans ces conditions, seule son infirmité lui parlait et le ramenait à cette réalité — par la douleur, l'isolement, et l'abandon.

Sur son corps et son esprit endoloris par la maladie cette situation pesait de façon négative. On est toujours atteint et fragilisé par ce que l'on ne peut aborder. Son hypersensibilité l'entrainait ainsi dans un mouvement de pendule émotionnel. Ses larmes de tristesse échouaient en effrois colériques. Si nous avions parlé avec lui de cette face sombre et incontournable de sa vie, il aurait été apaisé. Il n'aurait pas eu besoin de ces exubérances d'amour et de haine pour contenir et repousser ses peurs. Son expérience de la mort aurait traversé notre compassion : une veilleuse dans le noir.

Il a bien sûr été entouré. Et jusqu'au bout, il a respiré entre les mains et les regards aimants de ses proches. Mais je ressens ce goût d'inachevé. Bien plus tôt, on aurait peut-être pu s'appliquer avec lui à ressentir, à interroger, et à vivre cette mort qui ne cessait de s'annoncer.

Pour autant, je ne parle pas de culpabilité ou de mauvais traitements. Je m'aperçois simplement que l'existence avortée de cet enfant a cette nature imparfaite et identique à celle des soins limités qu'on lui prodiguait. Disons que, intrinsèquement,

toute vie et toute matière demeurent toujours inac-
complies, ébauches rudimentaires.

D'une autre manière, on pourrait dire que
quoi qu'il arrive, la mort nous fauche tous dans une
sorte d'état embryonnaire : jeune ou vieux, éduqué
ou sauvage, accompli ou indigent, nous ne sommes
que des esquisses... des premiers pas évanescents
dans l'univers.

L'année scolaire se termine. Les enfants concrétisent de longs mois d'efforts. Ils ont entre leurs mains quelques satisfactions et, surtout, une confiance renouvelée. Pour eux, les vacances d'été sont un cadeau emballé de soleil. Ils se baignent déjà dans la lumière estivale. Ils vont quitter l'école, nourris d'un certain réconfort. Ils se sentent portés, intégrés, aidés, accueillis. Peut-être même, n'ont-ils plus que la notion d'un bien être naturel. Et pourtant…

En coulisse, des technocrates — représentants du peuple — se démènent pour se débarrasser de ces enfants handicapés. En effet, rares sont les communes ou les écoles qui ne cherchent à se *délivrer* des classes d'ULIS, ou à éviter leurs venues.

En cette fin d'année, nous apprenons à la dernière minute que la classe pourrait-être mutée sur une autre commune. Et tels des pions, — enfants et personnels éducatifs de la classe — nous nous retrouverons *déportés*, sans ambages.

Bien sûr, pour se dédouaner, les Mairies vont prétendre qu'elles n'ont pas les moyens financiers, que leur situation géographique n'est pas appropriée aux différents lieux de résidence de ces enfants, et que leurs nombreux engagements sociaux les exonèrent de cette responsabilité supplémentaire. Mais les raisons réelles peuvent se résumer en quelques mots : exclusion, abandon, rigueur, et primauté économique. Et puis les dirigeants ont peur, car ils considèrent ces enfants et ces familles telle une fange sociale. Assimiler et gérer ce type de *complexe-social* leur semble ingrat. Eux ne désirent qu'une pureté urbaine faite de citoyens que l'on aménage rationnellement, à la mesure des murs d'une ville.

La peur de la différence s'exprime. Des amalgames se créent. Le handicap, la pauvreté, et l'indigence sociale se confondent. Et nos esprits déréglés, troublés, cherchent à définir, répertorier et chasser ceux qui déplaisent. Tout cela est arbitraire, grotesque, pulsionnel. Nous jouons encore à déplacer les bornes de notre tolérance. Qu'allons nous accepter et refuser en terme de diversité ? Pouvons-nous, continuellement, croire que l'on peut élever des frontières, creuser des fosses, rejeter nos besoins vitaux de tolérance et d'hospitalité ?

Irrémédiablement, là où l'éthique est délaissée, là où la force de notre morale abdique, l'espérance de vie humaine est violemment abrégée par nos œuvres de rejet.

…ne reste qu'une mine tarie. À la recherche de sens, j'ai pressé, fouillé et dépouillé la terre de mon esprit.

Plus mes conditions de travail étaient absurdes et mauvaises, plus je forais profondément dans mes ressources. J'avais besoin de minerai, d'énergie, *« fausse s'il en est »*. Je m'accrochais au plus petit filon, qu'il soit d'or, d'eau ou de charbon. Du cercueil de ma profession, je m'ingéniais à exhumer des raisons d'agir. Impatiemment, sans repos, j'estimais d'une importance énorme des résultats sans masse, sans intérêt. Pourtant, je ne m'épuisais pas à travailler, non, mais je m'exténuais à réanimer en moi la valeur de mon travail.

Puis, fatalement, je finis par déblayer et contempler l'état de mon incontournable et triste réalité professionnelle. Cela me fit l'effet d'une perte. Je me retrouvais détroussé de l'entrain et de la signification de ma vie — périssable et insensible à toute joie. Pour décrypter cette sensation, je mis alors des mots sur les traits de mon visage, sur mes expressions mortifères :

« Je ne veille plus sur une école : je suis gardien de prison. Je n'accompagne plus la parole des enfants : je mène des prisonniers au parloir. Je n'aide plus personne à sortir des ornières de la colère et du handicap : je cadenasse les grilles d'un univers carcéral autour d'enfants enragés. Je n'intègre plus le handicap à la nature de la vie : je jette à l'isolement l'agressivité des êtres que nous abandonnons. Je suis un mur de séparation, pétrifié, non agissant. »

C'était une désespérante conclusion.

Désormais, je me demande comment réagir à ces sentiments ? Si je ne fuis pas ce métier rapidement, il me rendra aveugle aux vertus de la faiblesse.

Bien sûr, il existe des organismes spécialisés — efficients. Ce sont souvent de petites structures bien financées, où l'attention portée au handicap est génératrice de sens. Dans ces lieux, on préserve des valeurs rares, méconnues, salvatrices. Mais leur force se limite à sanctuariser des vertus.

Les valeurs humaines ont la fragilité d'espèces en voie d'extinction. Alors, certains les préservent dans des lieux clos. Car à l'état sauvage, sur le territoire de nos guerres sociales, elles périssent. La diversité de nos conflits appauvrit la variété de nos vertus.

Quand je touche au monde je me disperse. Ce livre est un abri où j'enferme et immobilise mes pensées, mes actes. Dehors, je ne sais plus très bien qui je suis.

Il m'est arrivé de ressentir l'indicible, la poésie, l'étreinte de l'imaginaire. Là, les couleurs du rêve abreuvaient le réel.

J'avais parfois l'impression que les enfants étaient de petits conteurs, des passeurs d'histoires. Tout bardés de leur handicap, ils marchaient inlassablement en relatant leurs vies.

Ils arrivaient depuis les ciels et les horizons tortueux que l'on trouve sur les reliefs de la terre. Et un peu au hasard de leur errance, ils se rassemblaient autour d'un feu de bois. Ils parlaient en arrivant et parlaient en repartant.

Au loin, seuls et exilés, ils bavardaient sans trêve pour distraire le silence des choses et des êtres sans parole. Mais de retour auprès du feu, ils parlaient avec pudeur et parcimonie de leurs blessures, de leurs vulnérabilités. Ce que j'entendais alors, derrière le crépitement des braises, était un conciliabule de petits êtres amoindris. Ils révélaient les combats, les rêves et les fatalités de leurs existences. Plus ils se resserraient et se rapprochaient de l'âtre, plus leurs mots durcissaient et contenaient de sens. Je sentais la fournaise et la fraîcheur des paroles. Les mots étaient purs et parfaits. Ils exprimaient l'étendue abyssale de leur résistance.

De ces discussions émanait le portrait de carences et de douleurs libres de circuler en chacun de nous. J'apercevais la filiation entre le handicap et le caractère ordinaire de la vie.

Ils arpentaient donc le monde, endurant leurs infirmités, puis se reposaient un peu près d'un feu. Ils étaient alors de minuscules silhouettes friables que les flammes rehaussaient. Là, ils s'apaisaient un peu, puis discutaient à propos de la vie. Ils distinguaient dans l'existence bien plus que leurs propres meurtrissures d'éclopés. Ils constataient la présence de limites, de souffrances et d'insuffisances en chacun des êtres qu'ils croisaient. Aussi écrasantes que soient leurs infirmités, ils ressentaient malgré tout les plus légères mélancolies et les plus infimes souffrances des hommes. Et ils leur trouvaient le goût universel de l'imperfection dont ils souffraient eux-mêmes.

Où en étais-je ?...

Je sais n'avoir jamais cru pouvoir vivre au-dessus de mes échecs, de mes déchets, de mes faiblesses. Le mal devait rester le mal. Par désarroi et par crainte, j'ai donc frayé avec les noires éclaboussures et les rejets toxiques. J'ai incisé ma vie d'un sillon stérile. Et de moi, je n'ai retourné vers le soleil qu'une âme inconsistante, pullulante de frayeurs.

Je n'avais plus la lumière des rêves qui éclairent la réalité. L'interrupteur de ma confiance était perdu dans le noir.

Je voyais les hommes consommer le bonheur et la réussite avec une telle rapacité, que le monde brillait par ce qu'il lui en coûtait de malheurs et d'échecs.

…Je devais en être là, lors de ma rencontre avec des enfants handicapés. Je végétais innocemment, et mon énergie ne stimulait plus que mes peurs. Je m'accommodais presque à l'idée d'être un débris, flottant dans les sillages désolés de l'espèce humaine. Mais ces enfants et leurs souffrances me firent découvrir le caractère fécond de ces décharges où je me trouvais, et où ils vivaient eux aussi. Car dans les fosses où l'homme se débarrasse de ses défaites, de ses ruines et de sa culpabilité, étaient ensevelis des êtres et des pensées bienveillantes. Et je me retrouvai dans cette marge du monde : véritable débarras d'ordures constituées de rêves, d'idées, de poésie, d'amour, et de dévouement abandonné. Car tout ce que les hommes avaient ici délaissé semblait être essentiel. Même la nature y était ensevelie — vivante ou morte, sans plus de considération.

Et la grâce s'offrait ainsi à portée de main, dans un dépotoir de miracles et de simplicités.

—

Je n'ai ni la volonté ni l'opiniâtreté de goûter à mes faiblesses afin de les connaître, d'en user, et de les conquérir. Mes douleurs et mes difficultés personnelles demeurent donc à mes côtés telles d'intimes inconnues. Elles sont des objets posés en moi dans une pièce noire, et je les heurte sans jamais oser les éclairer. Je m'y blesse pourtant en permanence. Peut-être me demandent-elles de renaître au travers d'elles, de les affronter pour en retirer les bénéfices d'une vie affranchie ? Je ne sais pas. Les concernant, je ne me hasarde qu'au doute, et les réprouve continuellement sans m'en départir.

Pour cela, je quitte toute réalité. J'oublie, je nie, je mens, je fantasme. Cela dévie l'attention que je porte à mes problèmes et mes émotions. Mais ce traitement est une substance active qui migre dans tout mon corps. Ainsi, j'abandonne progressivement mes plaisirs et mes peines. Je me défais de mes certitudes et de mes espoirs. Je me débarrasse de mes envies comme de mes dégoûts. Je coupe mes nerfs pour interrompre tout influx de bien-être ou de mal-être. J'amende ma somnolence.

En somme, je ne vois dans mes défaillances et mes blessures que les vents noirs d'un orage intraitable. Et quand je m'évertue à vivre, à garder les yeux ouverts, il s'abat pour me tremper de douleurs et d'angoisses. Alors je me retranche dans une apnée d'indifférence. Et je délaisse tout.

Ma mémoire, mon corps, mon imagination sont des lieux de conflits avec lesquels je prends mes distances. Et par cet éloignement, je me détache de moi même — affamé et avide d'apathie.

Mais la lumière du monde est comme l'eau : elle s'infiltre, rentre dans mon regard clos, passe sous mes chapes de léthargie, et se coule dans les gravats de peurs où je m'enterre. Puis elle m'entête, m'ouvre les yeux. Et je vois, comme toujours, ce grand nombre de personnes aux fatalités bien plus sombres et écrasantes que les miennes agir avec joie.

Il y a ces enfants dont les blessures n'ont pas de justifications naturelles acceptables. Il y a cet excès de souffrance, abominablement consubstantiel à l'être handicapé, condamné, mutilé, violé, détroussé, abusé, exploité, torturé, traumatisé, enfermé. Et je constate qu'envers et contre tout, un grand nombre d'entre eux conduisent leurs existences en stimulant leur engagement dans la vie. Ils s'appliquent à conserver une conscience ouverte, et sensible au monde autant qu'à eux mêmes. Et cela malgré la contrainte de devoir mobiliser leurs corps et leurs esprits souffrants. Car plus ils se battent, plus ils éprouvent durement les contours de leurs infirmités.

Ils mènent une marche exemplaire. En dépit du mal inaltérable qui les accable, ils tendent instinctivement vers ce qu'il y a de plus rare et de plus difficile à atteindre : une probité spirituelle.

Dans l'indifférence générale, ils s'emploient à l'épreuve de la sagesse. Négligés par la société, ils luttent avec humilité pour réinventer des vertus. Amoindris, ignorés, ils représentent par leur décence et leur courage ce qui subsiste de la noblesse humaine.

—

Comment laisser mes émotions et mes pensées s'exprimer ? Comment laisser libre cours à ma vie, si ce n'est par un débordement, une rupture, un déferlement ?

Car je marche continuellement au pied du barrage de mon existence, ne cherchant qu'à l'étayer, à le consolider. Et derrière ce mur, je retiens la totalité de mes élans, de mon enthousiasme, de mes rires, de ma créativité… et la pression devient folle. Alors comment prononcer un seul mot, comment m'ouvrir à la parole sans craindre d'être submergé par une vie criante de mutisme ?

Depuis l'enfance, je m'impose une dictature, m'inflige une oppression. Au petit peuple de mes pensées, j'ordonne un couvre-feu. Et je m'éteins dans l'ombre des vivants.

Ainsi je me cantonne à l'immobilité. Je me cache dans la prudence, dans le silence.

Il est hors de question de m'aventurer à vivre. J'ai l'habitude de mes peurs, de mes douleurs, de mes fuites : j'y trouve un confort aveugle et une façon de posséder le monde — en rêve, en vain.

Etrangement, tout cela pèse sur moi comme un handicap anodin, invisible. Je m'aperçois ainsi que certaines faiblesses sont socialement ignorées. De véritables impotences de l'être se résument en de vulgaires et ordinaires défauts de caractère. Quelle plus vaste infirmité, pourtant, que de ne pas pouvoir prononcer un mot ou tenter un geste pour dire simplement qui l'on est.

En chacun de nous, une image de la planète se déploie telle une terre vierge et personnelle. Dans ce monde intérieur, j'entreprends tous les voyages et ne cesse d'être moi-même. Je rêve de la réalité de mon âme, je mets du vent dans mes songes, et m'élance librement dans des courants tumultueux et gonflés d'illusions. J'oublie que tout cela n'est que le théâtre de mon imaginaire ; et que la mélancolie de ne pas vivre m'inspire bien souvent des histoires d'errances. Au final, je m'enfonce dans un désert où toutes choses s'abstiennent d'exister. Pourtant, en société, le visage de mon incapacité à vivre continue à se grimer d'apparences banales et anonymes : c'est le cas d'un grand nombre de handicaps.

Au besoin, une société peut travestir ses déviances, enterrer sa conscience sous des pelletées de mensonges. Tel un individu, elle peut destituer la réalité — nier les pathologies sociales du pouvoir, de la richesse, de la guerre, et en dédaigner les conséquences.

Ce maquillage de nos structures et valeurs culturelles est une forme de handicap mental et moteur à grande échelle. L'autisme normé des règles et idéologies d'une telle civilisation est d'une violence inouïe. On peut ainsi constater, aujourd'hui encore, que la mort d'un homme est presque toujours due aux effets de sa culture : guerre, esclavage, pollution, malnutrition, stress, solitude, pauvreté, discrimination... Nous avons rarement le temps de mourir de vieillesse.

Nous ignorons tout cela. Et la réalité devient un fondement vital négligeable pour l'homme.

Notre cécité volontaire ne trouve de répit qu'à la condition d'une lumière étriquée et fallacieuse. C'est de cette manière que nous administrons et supportons les horreurs d'un champ de batail éternel : en gardant un bandeau sur les yeux, et en désaltérant de temps en temps nos regards dans des restes de clartés saumâtres — flaques de lumières émaciées, anémie du réel.

—

Il faut que les causes sociales prennent la lumière par toute les *voix*. Chaque silence et chaque omission avantagent nos difficultés. Mettre en évidence ce qui est incontournable est le plus important défi de notre modernité.

Le handicap nous informe sur notre nature. Les soins que l'on porte aux personnes fragilisées rendent compte de l'état de santé décisif du tissu social.

Multiplier les courants de formations et de professionnalisations produirait une vague d'idées et d'énergies nouvelles. Il serait essentiel de libéraliser l'accès à la formation, et d'affranchir l'exercice des métiers du soin et du social. Pour l'heure, nos connaissances manquent d'entendement : nos *protocoles* de fonctionnement étouffent la créativité.

Si l'on ne finance pas les professions du soin, les coûts et les besoins à venir du tissu social vont exploser comme une bulle financière !

Malheureusement, en ce domaine toute alerte ne fait qu'endormir un peu plus tout sentiment d'urgence.

Oui, ces professions sont ingrates. Nous prenons ici le contre-pied de nos références économiques. Il faut semer énormément pour obtenir très peu. Mais par ce défaut de bénéfice consenti, on capitalise l'essentiel de la bienfaisance humaine. Le libéralisme prédateur fait l'économie de l'âme sensible, et ne peut ainsi générer une aide sociale.

Interagir est le fondement de la vie. Le partage de la faiblesse est donc essentiel !

Remerciements…

Je tiens à remercier mes collègues de travail et les enfants de leur bienveillance qui rend cette profession supportable et gratifiante.

Je remercie tout particulièrement mes proches — amis et famille — qui m'ont conseillé durant l'écriture.